本书为国家重点研发计划课题"长江流域文明进程研究"（课题编号2020YFC1521603）和"中华文明起源进程中的生业、资源与技术研究"（课题编号2020YFC1521606），以及国家文物局"考古中国"重大项目"长江下游区域文明模式研究"的阶段性成果。

丛书编委会

主 编：

方向明　陈明辉

编委成员（按姓氏拼音排序）：

陈　虹　高　洁　姬　翔　蒋卫东　金　瑶　孔懿翎　李　晖　李晖达　李默然
李新伟　连蕙茹　梁慧娟　梁颖琪　林　森　刘安琪　刘　斌　刘亚林　秦小丽
沈晓文　施兰英　时　萧　宋　姝　宋志华　苏明辰　孙海波　孙瀚龙　陶　豫
王宁远　王　正　闻　雯　武　欣　夏　勇　闫凯凯　于振洋　张　萌　张　森
张依欣　周黎明　朱叶菲

世界古文明译丛
Ancient Civilizations of the World

The Lords of Tikal

Rulers of an Ancient Maya City

蒂卡尔之王

玛雅古城的统治者

[加拿大]彼得·哈里森　著

张依欣　陈明辉　译

ZHEJIANG UNIVERSITY PRESS
浙江大学出版社
·杭州·

图书在版编目（CIP）数据

蒂卡尔之王：玛雅古城的统治者 /（加）彼得·哈里森著；张依欣，陈明辉译. -- 杭州：浙江大学出版社，2023.12

书名原文：The Lords of Tikal: Rulers of an Ancient Maya City

ISBN 978-7-308-24026-0

Ⅰ. ①蒂… Ⅱ. ①彼… ②张… ③陈… Ⅲ. ①玛雅文化—研究 Ⅳ. ①K731.2

中国国家版本馆CIP数据核字（2023）第128135号

Published by arrangement with Thames & Hudson Ltd, London

The Lords of Tikal: Rulers of an Ancient Maya City © Thames & Hudson Ltd, London

This edition first published in China in 2023 by Zhejiang University Press Co., Ltd, Hangzhou

Simplified Chinese Edition © 2023 Zhejiang University Press Co., Ltd Hangzhou

浙江省版权局著作权合同登记图字：11-2023-006

蒂卡尔之王：玛雅古城的统治者
DIKAER ZHI WANG : MAYA GUCHENG DE TONGZHIZHE

[加拿大] 彼得·哈里森 著 张依欣 陈明辉 译

丛书策划	丁佳雯
责任编辑	韦丽娟
文字编辑	李瑞雪
责任校对	吴心怡
责任印制	范洪法
封面设计	程 晨
出版发行	浙江大学出版社
	（杭州市天目山路148号　邮政编码　310007）
	（网址：http://www.zjupress.com）
排　版	杭州林智广告有限公司
印　刷	浙江海虹彩色印务有限公司
开　本	710mm×1000mm　1/16
印　张	15.25
字　数	270千
版印次	2023年12月第1版　2023年12月第1次印刷
书　号	ISBN 978-7-308-24026-0
定　价	72.00元

总　序

大九州：中国考古学的世界性

中国考古学，其研究主题，自然是中华文明的起源和发展。中华文明熔多元为一体，绵延 5000 多年，依然年少，朝气蓬勃，特质鲜明。要讲好中华文明的故事，中国考古学自然需要"中国特色、中国风格和中国气派"。但我们越是心系中国，就越应该胸怀世界。战国人邹衍已经认识到，"儒者所谓中国者，于天下乃八十一分居其一耳。中国名曰赤县神州，……中国外如赤县神州者九，乃所谓九州也"。构建"最中国"的考古学，需要"最世界性"的胸怀，放眼此"大九州"。

百年之前，1921 年，以仰韶遗址的发掘为标志，中国考古学诞生。其刚睁开双眼，就看到了中国之外的世界。仰韶遗址的发掘者安特生，是为中国政府和科研机构工作的瑞典学者。他发掘的起因，是仰韶遗址彩陶的"世界性"，即与土库曼斯坦的安诺遗址、黑海西岸的特里波利遗址的彩陶颇为相似。发掘确立了中国第一个史前文化——仰韶文化，中华文明起源的科学探索迈出关键一步；但同时高声发出"世界性"的提问：中国远古之文化，是否跨越辽阔的欧亚草原，自西而来？

应声而起的第一代中国考古学家，同样有开阔的世界视野。在哈佛大学学习人类学并获得博士学位的李济，"想把中国人的脑袋量清楚，来与世界人类的脑袋比较一下，寻出他所属的人种在天演路上的阶级出来"，要是有机会，他还想去中国的新疆、青海、西藏，以及印度、波斯去"刨坟掘墓、断碑寻古迹，找些人家不要的古董，来寻绎中国人的原始出来"。

梁思永，同样在哈佛大学获得博士学位，以经典西方考古地层学方法，识别"后岗三叠层"，厘清仰韶文化、龙山文化和殷商文化的年代关系。吴金鼎，学成于伦敦大学，以经典西方类型学，全面分析中国史前陶器。中国现代考古学奠基人之一夏鼐，在伦敦大学学院师从著名埃及学家 S. 格兰维尔（S. Glanville）、探方发掘法的首创者 M. 惠勒（M. Wheeler）和古埃及文字学泰斗 A. H. 伽丁内尔（A. H. Gardiner），利用当时最新的考古资料，完成博士论文《埃及古珠考》（*Ancient Egyptian Beads*），开启了之后贯通中西、气象恢宏的研究旅程。

可见，中国考古学在其早期阶段，无论是视野还是方法，都已颇具国际风范。

1949 年后，考古田野工作全面铺开，新发现目不暇接，建立考古学文化的时空框架成为最紧迫的任务。但中国考古学家们并未埋首于瓶瓶罐罐，"见物不见人"。一方面，实证中华文明起源和发展之路的初心未变。主流认识是：中国史前文化多元发展，在黄河中下游或"中原地区"文化引领下，凝聚为一体，向文明迈进。史前之中国，已初具后世"大一统"中央王朝的模样。另一方面，马克思主义经典理论主导地位确立。中华文明之演进，被放在世界范围的人类社会进化背景下，成为验证普遍进化框架的新证据。1963 年出版的《西安半坡——原始氏族公社聚落遗址》发掘报告对仰韶文化早期的半坡聚落进行了精细的描述和分析，提出："从物质文化遗存的特点来观察，半坡氏族部落是处在发达的新石器时代阶段，即恩格斯所论述的野蛮时代的中级阶段。从社会发展阶段来说，相当于母系氏族公社的繁荣时期。"1974 年出版的《大汶口：新石器时代墓葬发掘报告》则引起了关于父系社会的热议。在这样的讨论中，世界各地的民族学资料尤其受到关注，扩大了中国考古学的世界视野。

这两个研究主旋律同时奏响，各有动人之处，但似乎并未合奏出描述中华文明起源的壮丽交响乐。以历史时期的"大一统"格局解读史前文化演变、对经典理论"对号入座"式的僵化应用，反倒陷入苏秉琦所称的两个"怪圈"。

20 世纪 80 年代，中国考古学和国家同步，进入发展的黄金时代。

　　一系列重要的考古发现，如重重变奏，将重建中国古史的主旋律推向高潮。辽宁建平牛河梁，红山文化仪式圣地，高坛石冢，唯玉为葬。浙江余杭良渚，强大古国的都邑，琮璜璧钺，玉礼通神。距今 6000 年至 5000 年，中国史前时代灿烂的转折期，各地竞相展开构建复杂社会的开创性实践，文明火花迸发，绚丽如满天星斗。"中原"之外，"边缘"地区的发展，尤其引人注目，"中原"引领模式被严厉质疑。

　　1981 年，苏秉琦正式提出"区系类型"模式，将中国史前文化分为六大区系，指出：各大区系不仅各有渊源、各具特点和各有自己的发展道路，而且区系间的关系也是相互影响的。中原地区是六大区系之一，中原影响各地，各地也影响中原。这同以往在中华"大一统"观念指导下形成的黄河流域是中华民族的摇篮，中国民族文化先从这里发展起来，然后向四周扩展，其他地区的文化比较落后，只是在中原地区影响下才得以发展的观点有所不同，从而对于历史考古界根深蒂固的中原中心、汉族中心、王朝中心的传统观念提出了挑战。

　　1985 年，严文明也指出：一定要花大力气加强黄河流域以外广大地区的新石器时代考古研究工作，只有这样才能最后破除中原中心论或黄河流域中心论，正确阐明我国新石器时代文化发展的真实情况和各地新石器文化在孕育我国古代文明中的作用。他随后提出的"重瓣花朵"模式，虽然仍强调"最著名"的中原地区的特殊地位，但认为中原只是因其地利，易于受到周围文化的激荡和影响，能够从各方面吸收有利于本身发展的先进因素，因而有条件最早进入文明社会。

　　1986 年，在哈佛大学任教的张光直，为重建中国古史这样"最中国"的学术探索，引入了世界的视野。他借用美国学者葛德伟（Joseph R. Caldwell）讨论美国东部印安人文化时使用的"相互作用圈"（Sphere of Interaction）概念，提出"中国相互作用圈"的概念，即中国各文化区通过无中心的网络式互动，形成的文化共同体，并热忱地称之为"最初的中国"。

　　上述精彩展示出的、中国史前社会超出预期的发展高度，也将从"世界性"人类社会普遍进化的角度认识中华文明的主旋律推向高潮，并将其研究焦点由母系或父系社会转为关于中华文明起源的热烈讨论。1991 年，中国社会科学院考古研究所组织中国文明起源研讨会，在"文明"的定义上，与会者普遍接受《家庭、私有制和国家的起源》中"国家是文明社会的概括"的说法。关于"国家"的标准，有学者坚持柴尔德提出的"世界性"标准，即城市、金属和文字"三要素"说。准此，则中国在殷墟时期才出现国家，形成文明。但更多学者在世界文明起源的视角下，指出三要素并非放之四海而皆准的文明标志，只要有足够的反映国家"实质"的考古证据，就可以认定国家的出现、文明的起源。对于中华文明而言，这些证据可以是玉器和丝绸等高级手工业品，都邑性聚落以及表现王权、军权和宗教权力形成的各类遗存。

两大主旋律终于发出共鸣，合奏起以中华文明起源为主题的交响乐章。

张光直在提出"中国相互作用圈"的同时，其实也对中国考古学的"世界性"进行了更深入的思考。1984 年 8 月，他访问北京大学考古系，连续作九次演讲。这成为推动中国考古学国际化的标志性学术活动。1986 年，演讲内容以《考古学专题六讲》之名出版。第一讲为"中国古代史在世界史上的重要性"，第二讲为"从世界古代史常用模式看中国古代文明的形成"。也是在 1986 年，他在香港《九州学刊》上发表了《连续与破裂：一个文明起源新说的草稿》。

他提出：一个着眼在世界性上的考古学者，在研探中华文明起源时，至少可以从三个不同的方面进行。第一个方面，是中国古代文明在世界历史上有多大的重要性？它是土生土长的，还是外面传入的？它吸收了外面多少影响，以及对外产生了多大的影响？第二个方面，应该是探讨世界史关于文化、社会变迁模式与中国丰富的历史材料之间的关系。换言之，就是用世界史解释重大历史变迁的模式来考察中国史前史和古代历史的变化过程。第三个方面，就是用从中国古代史和从中国古代史发展本身看到的法则，来丰富一般社会科学的理论。这方面是以往中外学术界较为忽略的，而从这方面进行研究，又是中国古代史和考古学家们的重大责任。这实在是对中国考古学应具有的"世界性"的精当阐述。

在第一个方面中，中国文明是土生土长还是西来，在中国考古学诞生之初就是焦点，第一代中国考古学家已经确立了中华文明的本土起源。马克思主义经典社会进化理论的应用，关注的正是第二个方面的问题。对于第三个方面，因国内学者普遍专注于中华文明本身的研究，确实是"较为忽略的"。

哈佛大学汇集了研究世界文明的优秀学者，自然会激发张光直的世界性思考。他的办公室对面，就是中美地区古代文明研究大家戈登·威利（Gordon Willey）的办公室，楼下的皮博迪博物馆（Peabody Museum）里面，陈列着哈佛大学自19世纪末开始在玛雅名城科潘遗址获得的珍贵文物，这又让他对中美地区古代文明有更深入的了解。因此，他得以对被忽略的第三个方面进行开创性探索。

通过对中国、玛雅和苏美尔文明的比较研究，他对中国古代文明的主要特征做出如下扼要阐述：经过巫术进行天地人神的沟通是中国古代文明的重要特征；沟通手段的独占是中国古代阶级社会的一个主要现象；促成阶级社会中沟通手段独占的是政治因素，即人与人关系的变化；中国古代由野蛮时代进入文明时代过程中主要的变化是人与人之间关系的变化，而人与自然的关系的变化，即技术上的变化，则是次要的；从史前到文明的过渡中，中国社会的主要成分有多方面的、重要的连续性。中美地区文明和中国文明实际上是同一祖先的后代在不同时代、不同地点的产物，走过了同样的"连续性"发展道路，其他非西方文明也大致如此。以两河流域的苏美尔文明为源头的西方文明，则主要以技术手段突破自然的束缚，开辟了"破裂性"的文明形成和发展道路。因此，中国的形态很可能是全世界向文明转进的主要形态，而西方的形态实在是个例外，因此社会科学里面自西方经验而来的一般法则不能有普遍的应用性。

这样的探索，似乎并未引起国内考古学界的热烈呼应，奏响中华文明研究的第三个主旋律。万里之外，热带丛林中的玛雅过于遥远；刷新认知的新发现，亟待认真梳理解析。与世界考古学的接触刚刚恢复，中国考古学界更加期待的，是新的理论和方法。《考古学专题六讲》中的"谈聚落形态考古"，产生了更迅速的影响。在俞伟超的激励下，当年最富激情的青年考古学家们，翻译西方考古学的经典论文，结集为《当代国外考古学理论与方法》，在1991年出版。其中收录的张光直的文章为《聚落》。由此引发的学术实践，也是西方理论与方法的应用。这包括一系列国际合作的聚落考古项目的开展，也包括对"酋邦"等概念的热烈讨论。

或许，要在对自己的文明发展有更透彻的领悟之后，才能激发"世界性"思考。

2000年至今的20余年中，在多学科结合的重大项目推动下，重要考古新发现频出，现代科技手段与史前考古发掘和研究的结合日益紧密。中华文明探源工程深入开展，我们的文明起源和早期发展的壮阔历程逐渐清晰。

万年之前，中国即开启了南稻北粟的农作物驯化进程，距今8500年至6000年之间，随着农业经济形态的逐步确立和发展，各地普遍发生"裂变"，基于本地自然环境和文化传统完成了社会复杂化的初步发展。自距今约6000年开始，中国史前时代进入灿烂的转折期，各地区社会复杂化加剧，苏秉琦定义的"高于氏族部落的、稳定的、独立的政治实体"——"古国"纷纷涌现；同时，区域互动更加密切，形成"社会上层远距离交流网"，催生了"中国相互作用圈"，即"最初的中国"。从这个意义上说，中国是统一的多民族国家的根源可以追溯到距今5000多年的史前时代，"中华文明五千年"并非虚言。

遍布"最初的中国"的"古国"社会如"满天星斗"熠熠生辉，各类型政治构想被广泛实践，并在各地区的"撞击"中不断迸发新的火花，造就出更具雄心的领导者。距今5300年前后，中华文明的形成进入"熔合"阶段，长江下游的良渚文化成为"熔合"式发展的第一个典型，在更宏大的政治理想的促动下，有目的地借鉴各地区"古国"的兴衰经验和"领导策略"，首次完成了构建早期国家的政治实践，成为中华文明五千年的重要标志。

距今4300年前后，良渚文化解体，如一石入水，激起千重波浪。山东、河南和江汉地区的龙山时期社会吸收良渚社会成败的经验教训，获得普遍发展，出现大量城址，形成与古史记载契合的"万邦林立"的政治景观。在文献中帝尧活动的核心地带晋南地区，陶寺文化采取更广泛的"熔合"策略，完成又一次早期国家的构建。距今3800年前后，环嵩山地区龙山社会与"最初的中国"的各地区激荡碰撞、"熔合"互鉴，形成与夏王朝对应的二里头文化，完成了具有划时代意义的、中国历史上第一个王朝的构建，在与《禹贡》中九州大体相当的地理范围内，施展政治、经济和军事手段，获取资源、推广礼仪，确立强大的核心文化地位。

我们已经明确，中华文明是在三级阶梯式的中国山川形成的摇篮中，在东亚季风的吹拂下，独立孕育出来的。我们的文明在形成过程中吸收了大量外来因素，尤其是距今 4000 年前后，小麦、羊、牛和金属冶炼技术自欧亚大陆草原地带传播而来，成为龙山时代社会发展和早期王朝建立的催化剂。但是，"最初的中国"内部各地区的创造性社会发展实践和互动发展，是中华文明形成的根本原因。我们知道，中华文明的形成，对整个东亚地区的社会发展产生了深远影响，甚至引发南岛语族人群向太平洋深处的航行。

我们已经尝试，建立自己的概念体系。用"古国"这样的概念建立史前复杂社会和三代实际基本政治组织"国"或"邦"的联系。用恰当的文明形成标准认定我们独特的文明起源和发展历程。

我们已经认识到，两河流域、古埃及、印度河流域和中美地区等世界其他地方的原生文明的形成空间均不过数十万平方千米，唯有中华文明的形成如此气势恢宏，在覆盖长江、黄河及辽河流域的面积近 300 万平方千米的"最初的中国"的范围内，以"多元一体"的形式展开。正是因为在如此广大的空间中经历了各地区文化的"裂变""撞击"和"熔合"，中华文明才孕育出"协和万邦"的文明基因，产生了完成各地区一体化的宏大政治构想，周人才能在距今 3000 多年前就以分封制完成了"普天之下莫非王土"的政治抱负，将"理想的中国"落实为"现实的中国"，创建了人类文明史上第一个多民族统一的政体，此后不断发展壮大，绵延至今。放眼世界，在疆域和理念上略可与之匹敌的古波斯帝国的形成是 600 年以后的事了，而且转瞬即逝。

重建中国古史初见成果。人类社会普遍进化视角下的中华文明起源历程研究，也初步建立了自己的话语体系。张光直提出的中国考古学"世界性"的三个方面中，前两个方面涉及的问题已经有了基本答案。我们终于可以开始认真思考，如何用从中国古代史和从中国古代史发展本身看到的法则，来丰富一般社会科学的理论，而且强烈感受到：要推进这第三方面的研究、深化前两个方面的认识，一定要走出"赤县神州"，不仅要"把中国人的脑袋量清楚"，更要把"上穷碧落下黄泉，动手动脚找东西"的范围扩展到大九州，去其他文明的核心地区，从最基础的考古发掘开始，把其他文明的发展脉络看清楚。

正是在此背景下，中国考古学家对世界古代文明的考古发掘和研究正在蓬勃展开，他们的身影出现在古埃及的卡尔纳克神庙、玛雅名城科潘、印度河上游和伊朗腹地，也出现在"中国文化西来说"中彩陶文化的发源地、黑海西岸的特里波利 – 库库泰尼文化区。

我有幸主持的科潘城邦贵族居址发掘项目自 2015 年开展以来，获得大量珍贵文物，且第一次从贵族家庭演变的角度，验证了从王宫区考古资料获得的、关于科潘王国兴衰的认识。我也在对中美地区古代文明的研习中，收获良多。中美地区的图像学研究，启发了我对中国史前图像的探索性解读；中美地区早期城市神圣空间构建对理解中国史前都邑极具参考价值。

在科潘项目进行的过程中，我们与浙江省文物考古研究所开展了深度合作。我佩服的资深学者、朝气蓬勃的青年后起之秀，不断来科潘参加发掘、开展研讨。他们以开拓性的田野发掘和研究，不断刷新我们对中国史前文化发展和中华文明起源的认知。2019 年，良渚古城遗址被列入世界文化遗产名录，成为得到世界认可的中华文明五千年的实证。这是可以凿破"大一统"式古史记载的鸿蒙混沌的有力一击，让我们初窥自己文明创生之初，各地区竞相发展、碰撞"熔合"之壮丽景象。对中华文明起源的"大一统"认知根深蒂固，"中原模式"引领的呼声仍高，第一个"怪圈"的破除还需时日。但浙江的考古学家，已经放眼世界。在科潘王宫区的仪式大广场上，面对科潘第 13 王瓦沙克·吐恩·乌巴·卡威尔一尊尊渲染自己在萨满状态下通神入幻的石雕像，遥望远处记录科潘光荣历史的象形文字台阶金字塔，我们共同被玛雅与良渚的相似性震撼，体味张光直提出的"玛雅 – 中国连续体"和中华文明早期的萨满式思维。我们也共同深思，两大文明，何以有相似的开始，却有不同的发展道路和结局。

　　大家的另一个共识是，比起 19 世纪已经开始在中美地区热带丛林中探索的西方学者，我们对玛雅文明的研究才刚刚起步。其实，在对世界各地区古代文明的考古发掘和研究中，我们都是后来者。学习和借鉴，自然是初学者必不可少的功课，而翻译经典著作，是最有效的学习方式之一。幸运的是，考古学家的心愿与浙江省文物主管部门具有远见的规划不谋而合。浙江省文物考古研究所很快就开始了"世界古文明译丛"的翻译计划。与其他主题类似的译丛不同的是，这个译丛的书目由考古学家选定，更能突出考古学特有的、以物质遗存对文明内涵的展现，以及对超长时段文明兴衰历程的描述。

　　尤为可喜的是，译者多是年轻学者。他们中不少人参加过科潘的工作，是同龄人中的佼佼者，是浙江省文物考古研究所的骄傲。张光直在《要是有个青年考古工作者来问道》中，饱含深情地说："有大才、有大志的年轻人，很少有学考古学的。我有时白日做梦，梦见天资好，人又天真又用功的中国青年，志愿以考古为终生事业，来问我这个老年考古学家对他（她）有何指示，这虽然只是梦境，我还是将答案准备好，以防万一。"张先生的答案有四条，其中最后一条是"今天念中国的考古不是念念中国的材料便行了。每个考古学者都至少要对世界史前史和上古史有基本的了解，而且对中国以外至少某一个地区有真正深入的了解。比较的知识，不但是获取和掌握世界史一般原则所必须有的，而且是要真正了解中国自己所必须有的"。

　　看到他们信达的译文，我想，张先生若是有知，应该可以感到欣慰。他们和我一样，未必有大才，未必天资好，但愿意尽力，心怀大志，放眼大九州，也愿意保持无邪的学术之心，一起用功，以世界文明的视角，认知中华文明的特质和地位，以中华文明的视角，观察世界文明之发展，丰富一般社会科学的理论。

中国社会科学院考古研究所　李新伟

目 录 CONTENTS

第1章　玛雅人和他们的文明　　　　　　　　　　　　　　1

玛雅地区　　　　　　　　　　　　　　　　　　　　　2

玛雅文明的演变　　　　　　　　　　　　　　　　　2

佩滕中部地区的分水岭　　　　　　　　　　　　　4

森林环境　　　　　　　　　　　　　　　　　　　　9

年代学：我们的观点　　　　　　　　　　　　　14

年代学：他们的观点　　　　　　　　　　　　　16

第2章　发现蒂卡尔　　　　　　　　　　　　　　　　20

蒂卡尔的得名　　　　　　　　　　　　　　　　　20

发现史　　　　　　　　　　　　　　　　　　　　　22

蒂卡尔项目：宾夕法尼亚大学　　　　　　　　27

蒂卡尔国家项目　　　　　　　　　　　　　　　29

如今的蒂卡尔　　　　　　　　　　　　　　　　　33

第3章　山脊周围的村庄：前古典中期　　　　　　39

红色：诞生、黎明和新的开始　　　　　　　　39

聚落的来源　　　　　　　　　　　　　　　　　　40

起步晚的蒂卡尔　　　　　　　　　　　　　　　41

前古典中期的蒂卡尔　　　　　　　　　　　　42

艾布时期的遗址　　　　　　　　　　　　　　　42

原始聚落的特点　　　　　　　　　　　　　　　　　　　　　　45

特赞克陶器组合　　　　　　　　　　　　　　　　　　　　　　45

第4章　进入伟大时代：前古典晚期　　　　　　　　　　　47

蒂卡尔成为一座城市　　　　　　　　　　　　　　　　　　　47

失落世界金字塔　　　　　　　　　　　　　　　　　　　　　48

北卫城　　　　　　　　　　　　　　　　　　　　　　　　　51

死亡是一扇窗　　　　　　　　　　　　　　　　　　　　　　52

前古典晚期的陶器：一种艺术形式和时间标记　　　　　　　　56

蒂卡尔的楚恩阶段　　　　　　　　　　　　　　　　　　　　57

蒂卡尔的卡瓦克阶段　　　　　　　　　　　　　　　　　　　57

蒂卡尔的奇米阶段　　　　　　　　　　　　　　　　　　　　59

第5章　王朝的诞生：古典早期　　　　　　　　　　　　　60

已知的统治者　　　　　　　　　　　　　　　　　　　　　　65

王室居住和防御系统　　　　　　　　　　　　　　　　　　　69

美洲豹·爪的神圣家族建筑　　　　　　　　　　　　　　　　72

蒂卡尔的王室头衔的意义　　　　　　　　　　　　　　　　　74

一个转折点　　　　　　　　　　　　　　　　　　　　　　　77

第6章　变革与挑战：古典早期的终结　　　　　　　　　78

混乱的时代：古典早期的黑暗时期　　　　　　　　　　　　　88

第7章　蒂卡尔的建筑 103

前古典时期到古典早期阶段 103

蒂卡尔的建筑和风格 109

第8章　间歇期：战争和外部统治 116

第9章　美洲豹·爪王族归来：天才哈索·产·卡威尔 123

卡拉克穆尔的战败 129

王室的哀伤：五号祭坛上的故事 132

哈索生命中其他已知的日期和事件 137

第10章　家务事：哈索的后代 145

5D-52-1 号建筑的门楣 147

伊金最伟大的建筑：四号神庙 151

六号神庙：铭文神庙 158

伊金的埋葬之处 162

第11章　最后的三个国王 167

亚克斯·艾因二世（C 王；齐塔姆；阿克） 167

最后两个国王 176

第12章　古典晚期蒂卡尔的建筑、城市规划和发展　182

双金字塔建筑群　184

球场　184

宫殿　186

数量有限的庭院式宫殿建筑群　186

独立的主要宫殿　188

中央卫城　189

蒂卡尔有计划的扩张　192

第13章　衰落：最后的岁月　195

古典期的终结　195

崩溃的原因　202

后古典时期　204

回顾　204

注　释　206

参考文献　221

附　录　223

附录一：蒂卡尔历代国王的名字　223

附录二：蒂卡尔古典时期各阶段年表　226

第 1 章　玛雅人和他们的文明

伟大的城市，就像伟大的艺术品一样，是大量时间和费用的产物，反映了创造者的全部情感。以蒂卡尔为例，它部分隐藏在危地马拉雨林中的壮丽环境，其城市的肌理、颜色和形状所带来的视觉享受以及隐藏于表面之下的神秘深深地吸引着人们。

这些辉煌的建筑是在一个世界级的义明——古代玛雅文明的框架内发展起来的。蒂卡尔城在公元前 800 年到公元 900 年间繁荣和扩张，跨越了学者对玛雅文明所划分的大多数历史阶段。要了解这座城市的背景，我们必须首先研究它与一般文明崛起的区别以及它在自身文明中的位置。

在公元 10 世纪崩溃时，蒂卡尔的面积约为 65 平方公里，有 3000 多座已知的地表建筑，地表之下可能还有多达 10000 座被毁坏的建筑和台基。人口达到了 10 万至20 万人，但也有观点认为人口还要更多。在 9 世纪 3 个连续的国王统治时期，政治统治和纪念性建筑的修建达到高峰，当时修建起许多惊人的建筑。尽管丛林掩盖了城市的一大部分，但一些建筑仍然耸立在热带森林之上，为废墟增添了浪漫主义和神秘色彩。几十年的考古研究只是稍微揭开了一点神秘的面纱。

公元前 4000 年左右，伟大的文明开始在旧大陆的农业基础上兴起。目前所知，从狩猎采集阶段到农业社会再到复杂社会，同样的过程稍晚也发生在新大陆。然而，玛雅文明的起源是有区别的。例如，与埃及沙漠的干燥及其对生命之河尼罗河的依赖相比，玛雅文明低地的环境富饶而多样，且依赖于并不总是可靠的雨水。与玛雅文明公众形象相关的浪漫主义和神秘性在蒂卡尔表现得很明显，这些特征不断提升了它作为电影主题和研究焦点的知名度。

玛雅地区

　　玛雅文明的分布区涵盖了现代墨西哥的很大一部分，包括塔巴斯科州和恰帕斯州的东部地区，以及坎佩切州、尤卡坦州和金塔纳罗奥州的全部范围，而且还延伸到现代危地马拉和伯利兹的全部以及萨尔瓦多和洪都拉斯的西北部。这一地区分为两个地理区域：相对平坦的尤卡坦半岛和位于该半岛基部的一系列山脉，这些山脉又分为北部和南部高地。从山脉到太平洋是一处斜坡状的独特区域。炎热、潮湿的低地和凉爽、干燥的高地之间的反差让人们误以为这两个区域内各自的气候是一致的。实际上，低地内的变化非常大，表现为多种植被类型、复杂的河流系统和地形地貌。地形的多样性对于善于开发和适应不同环境的古代玛雅人来说一定是很受欢迎的挑战。

玛雅文明的演变

　　玛雅人今天仍然生活在这个地区，有超过 750 万的人口，使用 28 种玛雅语言。他们以农耕为主的生计方式可追溯到 3500 年前，且继承了祖先留下来的丰富的古典文明遗产，即以自给自足的方式来应对周边现代生活的信念和习惯（图 1–1）。尽管 28 种现代玛雅语言中的许多语言都早于古典文明，但现在人们认为只有乔尔语（Chol）和尤卡坦语（Yucatec）这两种在古代被用作象形文字的基础，而象形文字是古代文明的一个主要特征。许多其他独立的玛雅语言在这段时间里已经脱离了古代的基础语言。

　　尽管在一个半世纪的研究中，学术界取得突破性进展的速度加快，考古技术得到改进，对非西方文化的研究也更加开明，但对古代玛雅的大部分成就仍然知之甚少，并存在激烈的争议。除了知识不全面的问题外，还存在大量的民族主义倾向和对所谓非西方社会运作模式的过分关注。一些这样的模式形成于 20 世纪 60 年代，受到现在看来已过时的马克思主义关于"水利社会"（以灌溉技术为经济基础的社会）的观点的影响。传统上玛雅文明被归为次级文明，因为据说其农业完全依赖于轮作和刀耕火种。

图1-1 现代玛雅印第安人在圣地亚哥阿蒂特兰的市场中心，位于阿蒂特兰高原湖畔。古老的小雕像表明像这样的服装在古代是存在的，有助于标识地域。

但现在更多的研究证明，在墨西哥高原出现水利农业之前，玛雅人早在公元 1 年以来就普遍采用了灌溉、排水和集约化的农业形式。[1]

世界各地和各种学术思想流派都以不同的方式定义文明。关于中东的文明，戈登－柴尔德认为要有纪念碑式的建筑、文字系统和科学雏形。玛雅人满足了所有这些标准。他们用石头建造的公共建筑在能量消耗、设计和美学方面可以与古埃及的纪念性建筑相媲美。他们的一些陶器制作得如此精细，以至于当人们认识到它们是在没有轮盘的情况下制作时非常诧异，而他们最好的绘画作品堪比米开朗琪罗的作品。他们在天文学、时间和几何学方面的知识与旧大陆许多高级文明的知识相当。也许最重要的是，玛雅人拥有一种用来记录自己历史的书面文字，尽管也经过了各种篡改，就跟所有历史记录一样。在这个意义上，玛雅人也可以被认为是掌握了读写能力的人群。仍有争议的是他们所建立和维持的中央集权的程度。目前，"城邦"（蒂卡尔是其中之一）似乎是描述某些中心城市对特定领土的政治统治的最佳术语，尽管它部分借用古典时期地中海的模式。[2] 最近对玛雅战争的研究表明了它在整个玛雅文化中的重要性，以及它在最终的崩溃中所扮演的重要角色。玛雅是独特的，有独特的发展历史，有一系列显著的成就，也有他们自己的特殊弱点。

通过与中美洲及其他地区同时期文化的互动，不仅可以实现观念的共享，还可以通过贸易共享资源。在美索美洲存在着一个潜在的共同价值体系，这一体系可以追溯到很久之前，以至于虽然其来源已经不明，但仍然是未来研究的主题。这种跨文化共享的例子包括对羽蛇和美洲豹的崇拜，以及由上层社会贵族主导的多阶层社会的观念。

除了关于玛雅城邦是否可视为一种文明的学术争论之外，玛雅作为一种独特文化，其起源时间也还存在争议。在玛雅独特的陶器和农业出现之前，已经有使用石器并采用非农业经济的人群占据着玛雅地区。在恰帕斯河谷的圣玛尔塔洞穴（Santa Marta cave）发现了古风期（Archaic）人群的证据，他们季节性居住在洞穴里。这些半流动的狩猎采集者的年代在公元前 7000—前 3500 年之间。[3] 一个文化的真正标识是语言，但从这些最早遗址的遗物中无法了解其使用的语言。在墨西哥和伯利兹零散地分布着少数这样的遗址。这些遗址的发现表明石器或石器技术早于陶器和农业的出现。因此，陶器是玛雅文化出现的一个不可靠的指标。粗略看来大概其出现的最早年代是公元前 1200 年左右，尽管此时形制和装饰已经比较复杂的陶器暗示着可能存在更早的陶器。陶器的地区差异显示出当时不同的玛雅群体。

在伯利兹的库埃罗（Cuello）遗址发现了玛雅低地定居的最早证据，这是一个公元前 1200 年就有成熟的陶器和早期村落生活的农业社群。[4] 在伯利兹北部的几个遗址，陶器和碳十四测年均证实了在这个时期存在着明确的社群。[5] 尽管在遥远的西部发现了早期的玛雅文化遗址，但蒂卡尔被认为来源于东部伯利兹的早期村落。[6]

佩滕中部地区的分水岭

地形有助于了解蒂卡尔遗址在特定地点和特定时间出现的原因。宾夕法尼亚大学的克里斯托弗·琼斯（Christopher Jones）首先注意到了地形的作用。[7]

蒂卡尔的选址位置相当于大陆的分水岭。东边是通往加勒比海岸的水系和河流。西面是通往乌苏马辛塔河的水系和河流，这条河直接流向墨西哥湾海岸，沿途接纳了来自西部高原地区的河流。换句话说，玛雅低地的大部分区域可以根据这个战略要地的水系进行划分，当贸易路线从西边延伸到尤卡坦半岛的东边时必须要经过这个地方。[8] 蒂卡尔可能是因缴纳"通行费"而发展起来的，从主要河流之间的陆路贸易中获利。此外，该遗址两侧有两大片湿地，较大的湿地位于东部，是直接通往加勒比海的水路的源头。一些调查人员从空中观察到下面有渠道的迹象，说明这里曾经存在密集型农业。[9] 这些渠道在东侧和西侧的湿地都能观察到，但还未经过地面调查确认。这些地理和经济因素告诉我们为什么这座伟大的城市建立在这里，也可以解释为什么此处开始永久定居的时间比其他地区要晚一些。在玛雅低地的其他地区发现的最早阶段的玛雅文化遗址可追溯到公元前1200—前800年，但在蒂卡尔没有发现这么早的遗存。对于这样一个具有明显重要性的大遗址，蒂卡尔在已知的最早时期却无人居住，这似乎不正常。很可能是在玛雅发展的最初几年，没有人敢在这样一个内陆贸易路线的战略要地建立永久聚落，蒂卡尔人最终这样做了。在经过几个世纪的冲突后，蒂卡尔城成了标志性遗址。

危地马拉佩滕的低地森林由三层雨林组成。植物学家了解到这种最高形式的三层雨林包括独立的微环境和生态系统，每一层生活着不同的植物和动物。这三层包括：相对开阔的、被遮蔽的、阴凉的森林地面；较高树木的下部枝杈，中等高度的灌木丛；提供阴凉的上部树冠（图1-2）。地势高低不一，分布着许多山岗和山脊，并点缀有广阔的季节性沼泽湿地。季风性降雨有两次，一次在夏季，另一次在秋季，秋季的降水量更丰富。准确预测这种季节性降雨的时间对农业的发展至关重要，这就是为什么一个依赖农业的社会很快就会具备精准的时间观念和一定专业的日历知识。近期对佩滕以外地区的玛雅湿地研究表明，玛雅人利用这种环境发展出一种农业类型，这种农业类型不太依赖降雨，而更依赖这些沼泽地的水。这种农业被称为"集约型农业"，可以生产出更多的食物。[10]

对蒂卡尔的调查表明该遗址没有任何特殊或稀有的自然资源，因此该遗址的选址与有交易价值的自然资源无关。当地有一种质量中等的燧石（chert），在该遗址中它被大量用于制作工具，但没有证据表明这种本地产的石头曾在遗址之外进行过交易。

图1-2　从地面上看到的雨林树冠。这棵硬木树上缠绕着寄生的无花果，这种无花果最终可能杀死宿主。

除了贸易方面的考虑外，蒂卡尔临近沼泽的区位也是一个很好的选址理由。在中美洲，沼泽被认为是和城镇一样的地方，因此也被赋予了名称。"巴约圣达菲"（Bajo de Santa Fe）坐落于蒂卡尔的东侧，形成了它的东部边界。在这片沼泽地的边界上，有一系列已知最早的聚落，这些聚落位于我们现在认识到的城市的最大范围内。这些最早的居民很有可能通过水路到达蒂卡尔，并因为这里交通方便而定居下来。沼泽两侧肥沃的高地以及突出的山脊表明这里是遗址的中心。在任何文化中，山脊顶部都是一个理想的位置，因为它便于观察周围的领地，且便于防卫。居民对可能的敌人的接近有早期的预警，并可以通过日光仪（反射镜信号）与附近的友好聚落沟通。玛雅人是否采用了这种基于太阳的有效通信手段仍然是一种猜测，但镜子作为古典时期贵族用具的一部分，其存在可以使这种猜测成为可能。

在其人口高峰期，即公元700年左右，该遗址面积超过65平方公里，包含成千上万座建筑。人口最密集的核心区有16平方公里，这毫无疑问是一座重要城市，是三座可能达到如此规模的城市之一，其中每座城市的政治历史差异都很大（图1-3，图1-4）。另外两处是金塔纳罗奥州北部的科巴（Coba）和蒂卡尔西北部的埃尔·米拉多尔（El Mirador）。蒂卡尔的定居始于公元前800年左右，并废弃于公元10世纪的某个时候。蒂卡尔似乎是一个物品的集散地，其战略位置很可能导致它被一圈敌人包围，

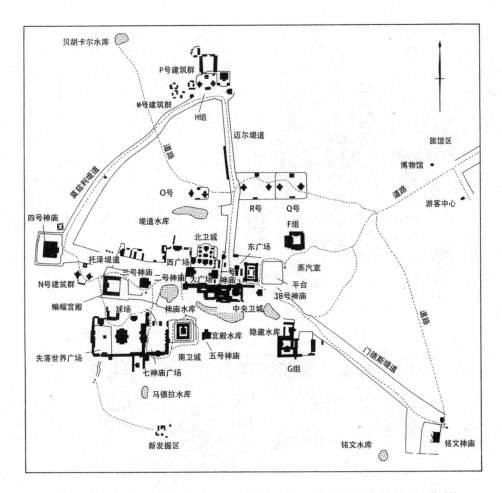

图1-3 蒂卡尔中部的地图显示了16平方公里的核心区域。预计地表下还有成千上万座建筑。

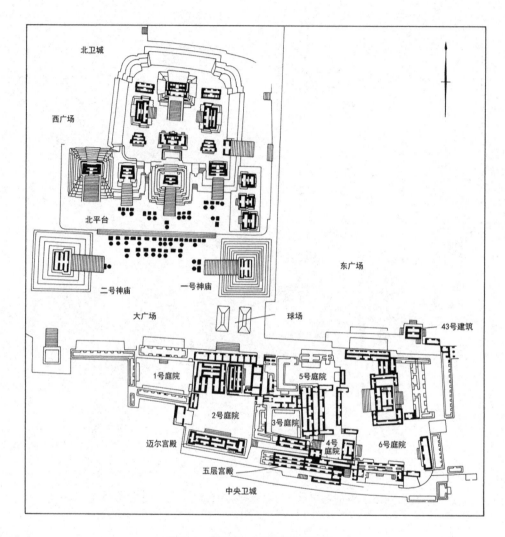

图1-4 北卫城，大广场和中央卫城。

包括北边的卡拉克穆尔（Calakmul）、东南边的卡拉科尔（Caracol）和西边的多斯皮拉斯（Dos Pilas）。这种情况导致其动荡的政治历史。

森林环境

雨林可以提供丰富的动植物资源，但同时对人类的生存也是一大挑战。土壤很浅，树木将其根系广泛延伸，吸收了贫瘠土壤中极少养分的大部分。玛雅人在其发展的最初期就知道，在种植任何驯化的作物之前必须清除森林，然后培育被清除过的土地，直到将大部分养分吸收殆尽后，再转移到森林的另一部分。清理出来的土地在中美洲被称为米尔帕（milpa），是西班牙语中"田地"的意思（图 1-5）。

高大的树木包括一些热带硬木，如桃花心木（ciricote）和胡椒树（pimienta），以及热带雪松，这些树木现在仍然在使用。玛雅人认识到，人心果树（sapodilla，现在这种树因为可以提供制作口香糖的树胶而闻名）的木材对贪婪的丛林白蚁非常有抵抗力，

图 1-5　春季用火烧田的情景。烧田必须有精准的时间安排，这样灰烬就会在下第一场雨时被冲刷到土壤中。如果没有降雨，火势往往会失去控制。

因此在蒂卡尔使用了这种木材，并保存至今。阿马普勒树（amapolla）据说被玛雅人用来制作酒精饮料，这种树在蒂卡尔到处都有生长；在春天，它火红的叶子给城市带来了色彩。在蒂卡尔的考古学家注意到数量异常多的拉蒙树（ramon），它的果实和果核被玛雅人大量利用。这些也许是先民人工培育的树木，只是后来野化了。游客在通往遗址的道路上首先能看到一棵很突出的树，它是古老的巨型木棉（ceiba），是玛雅人的圣树，被称为"生命之树"。木棉在古代艺术、图腾和神话中占有重要地位。即便在今天，人们在清理米尔帕的过程中也不会砍伐木棉树。在整个玛雅地区，人们经常看到这些高大的树木独自巍然屹立在玉米田中。无论是在村庄还是城市，那些对玛雅人特别有用或神圣的树木都是在聚落的范围内培育的。这种历史悠久的培育使得许多物种得以保存，不仅仅是树，还有那些较小的可食用的植物，如可以提供烹饪调味品的植物（香菜、辣椒）和药用植物。还有证据表明，古代玛雅人喜欢用于装饰的植物，因为在陶器纹样中，头饰以及重要人物的宝座上都有鲜花。今天，森林环境中这些自然的美的元素让我们得以一窥那些曾激发古代艺术灵感的色彩和形式，这些元素被某些统治者用作个人标志和装饰。在彩绘陶器上，可以看到以这种方式描绘的花卉、植物和动物。

森林中有大量的野生动物，包括一种被叫作布洛克特（brocket）的小型鹿科动物白尾鹿、貘和领西猯（collared peccary），几种啮齿动物（特别是刺豚鼠、花栗鼠和兔子），都是可食用的动物。不可食用但有利用价值的森林动物包括狐狸、猫科动物（猫鼬和美洲豹）以及其他动物。动物的皮毛可以利用，并得到人们的喜爱。值得注意的是，美洲豹（图1-6）是新大陆的兽王，正是这种动物神充当了玛雅最高级别神祇的原形神或纳瓦尔神（nahual）。

两栖动物包括食草的短吻鳄、凯门鳄，食肉的美洲鳄（图1-7），各种海龟和各种青蛙（图1-8）。青蛙中最值得注意的是一种罕见的热带蛙种，在玛雅语被称为"uo"，这种动物的生命周期比较神奇，它们一年中大部分时间在土里冬眠，在季风盛行期出现在地表并在季风期形成的地下水中进行交配和繁殖。它凄厉的叫声与它的名字（读作"哀"）一模一样，这种奇特的生物是玛雅日历中一个月份的名称。

图 1-6　美洲豹是森林的主宰，其神灵或守护神经常被国王用作他们的个人名字和保护者。美洲豹的形象经常出现在蒂卡尔的图像中。

图 1-7　这只幼年的美洲鳄代表了一种在蒂卡尔可能仅次于美洲豹的重要物种。

图 1-8　这种五颜六色的树蛙是许多种以蒂卡尔为自然栖息地的青蛙之一。青蛙在玛雅日历的艺术和图像中非常重要，象征着环绕城市的水环境。

　　森林中的鸟类包括几种不同的鹦鹉、巨嘴鸟和金刚鹦鹉（guacamaya），还有大量的候鸟，包括蜂鸟、鹰隼（hawk）、鸽子和两种雕（eagle）。即使在今天，蒂卡尔的鸟类分布也非常广泛以至于有人专门出版了指南书。同样重要的可食用物种是美洲火鸡（图 1-9）和库拉索（curacao）。孤僻的绿咬鹃（图 1-10）因其长而有弹性的羽毛而受到珍视，它生活在雾林中，这是海拔约 4000 英尺（1200 米）的孤立的小环境，在雨林和高原相接处，每个玛雅商人在去高原市场的路上都必须经过这里。玛雅领袖的头饰中都普遍使用绿咬鹃的羽毛，用量如此之大以至于这种鸟近乎灭绝。彩色的羽毛在蒂卡尔显然是一种有价值的商品。鸟类也会成为服饰的图像装饰的一部分，通常作为头饰，也许用来象征纳瓦尔神，即人类的"动物神"。

　　公元前 800 年左右，一群玛雅人在这里定居，并最终导致了这一古老而复杂的文化中最宏伟和最具影响力的城市之一的出现。

图1-9 这种火鸡被称作王室火鸡,是美洲的本土物种,是古人的一种食物来源。由于蒂卡尔公园的培育,这些鸟类已经大量回归,在整个遗址中都可以看到。

图1-10 绿咬鹃长长的尾羽很受珍视并作为头饰的一部分成为一种商品。这种鸟很可能从来不是蒂卡尔的原生动物,其羽毛是从高原上交易来的。

年代学：我们的观点

考古学家给出了玛雅文化的粗略年表，随着时间的变化，文化特征组合的形式也会发生变化。"古典"一词是从地中海文明中借用过来的，并应用于玛雅以表示该文化的鼎盛时期与其发展和衰退。根据文化组合的变化划分为几个主要的时期，包括前古典时期（公元前 1500 年至公元 250 年）、古典时期（250 年至 1100 年）和后古典时期（1100 年至西班牙征服时期或大约 16 世纪中期）。这种年表至少可以提供一个框架，但应该认识到这是一种权宜之计，而不是对文化变化的完整描述。

主要时期的划分很大程度上是基于陶器的变化（见表 1-1）。陶器是一种可塑性较强的器物，因此我们可以通过肉眼和对化学成分的科学分析来发现细微差别（图 1-11、图 1-12）。前古典时期可分为早期、中期和晚期三个阶段。考古学家给蒂卡尔的各个陶器阶段选定了特别的称谓，这也是玛雅地区各个遗址的惯例。蒂卡尔的陶器学家 T. 帕特里克·卡伯特（T. Patrick Culbert）选择的称谓来自玛雅日历中的月份名称。[11]

表1-1　蒂卡尔各个时期的陶器组合

时期	陶器组合	大致年份
后古典时期	卡班（Caban）	950—1200（？）
古典时期末期	艾兹纳布（Eznab）	850—950
古典时期晚期	依米什（Imix）	700—850
	依克（Ik）	550—700
古典时期早期	马尼克（Manik）	250—550
	奇米（Cimi）	150—250
前古典时期晚期	卡瓦克（Cauac）	1—150
	楚恩（Chuen）	前 350—1
前古典时期中期	特赞克（Tzec）	前 600—前 350
	艾布（Eb）	前 800—前 600

图 1-11　卡瓦克时期的一些陶器在尺寸和形制上都很引人注目。蒂卡尔的这种红色抛光的沙漏形器被称为"消防栓"（fire-hydrant）。

图 1-12　这件特殊的带盖陶器描绘了一只站在水面上的鸬鹚，下面有一只乌龟。它出土于失落世界建筑群中 5D-88 号建筑的 1 号墓中，可追溯到古典时期早期晚段。

前古典时期早期阶段为公元前 1200—公元 800 年，在蒂卡尔没有发现。中期阶段有两种陶器组合，名为艾布和特赞克，年代分别为公元前 800—前 600 年和公元前 600—前 350 年。

前古典时期的晚期阶段（公元前 350—公元 250 年）比之前更复杂，因此被划分为三种不同的陶器组合。它们被命名为楚恩（公元前 350—公元 1 年）、卡瓦克（1—150 年）和奇米（150—250 年）。这些组合不是随意划分的，而是代表了当时制作的陶器在发展过程中可以观察到的实际差异。它们是考古学家分析时间和变化的方法，也是我们在讨论城市发展时的抓手。

下一个主要时期是古典时期，在蒂卡尔有早期、晚期和末期三个阶段，以四种陶器组合代表，它们是马尼克（250—550 年）、依克（550—700 年）、依米什（700—850 年）和艾兹纳布（850—950 年），其中两种属古典时期晚期。后古典时期仅有一种陶器组合，即卡班（950—约 1200 年）。拉波特在所谓的"失落世界"建筑群中的发掘使他能够进一步区分马尼克（古典早期）阶段的划分，他将其称为马尼克 1、2 和 3。[12]宾夕法尼亚小组进行的考古学研究的最终目标是确定和定义陶器以外的文化变化因素，这样就可以用更客观和更精确的方法来描述变化的连续性。例如，建筑方面的变化与陶器方面的变化相似，既有风格上的变化，也有工程机械方面的变化，还有墓葬习俗、定居模式和其他一些文化特征的变化。只有当所有这些都被彻底分析和综合后才有可能重新定义蒂卡尔的文化阶段。

年代学：他们的观点

玛雅人对他们自己的年代学的看法与我们不同，是以他们的日历为基础的。玛雅人对时间的观念和掌握已得到广泛研究并出版了不少学术成果。它采用的是二十进制系统，而不是我们熟悉的欧洲十进制系统。时间是一个神圣而神奇的概念。它的划分单位——日、月、年被看作背负着时间包裹的神灵。准确记录时间流逝是基于农业的需要。在低地，季节是由雨季和旱季的周期所决定的，这决定了种植、生长和收获的合适时间。成功供应食物对生存及发展和人口增长至关重要。基本单位——天——是以太阳的运动为基础的，太阳是男性主神，名为齐尼奇·阿豪（Kinich Ahau）。那些掌握了太阳、月亮和星星运动时间的人受到了尊重和敬仰，他们包括祭司、国王以及具备能够带来丰收的知识的人。把时间和不同的神灵联系起来的一个结果是它们也与仁慈或邪恶的天性联系起来。毕竟它们是以人类的本性为原形的。因此在生育、发动战争、种植、收割等方面存在好的和坏的日子——有益或无益的日子。作为生存需要而发展起来的日历成为占星术的工具。现在人们相信，每个社会阶层的玛雅人都对他们与时间之神的这种互动过程有一定的了解。这并不是只有国王和祭司才拥有的神秘知识，而是社会中每个成员在某些基本层面上共有的知识。然而，持续记录时间需要识字能力并掌握符号系统。这种技能仅限于社会的贵族阶层。

玛雅日历计数系统非常复杂，本章节不打算详尽地探讨这个问题。对于希望深入了解日历的读者，建议查阅关于玛雅文化的大量通俗读物。下面简要介绍复杂的玛雅历法系统。

从象形文字或铭文的书面记录中，我们知道玛雅历法是多么复杂。这里流传着两种不同的历法。卓尔金历（Tzolkin）或神历是基于 260 天的计数，由 13 个数字和 20 个名称组成，它们循环往复直到 260 天后再次从头开始，即 13 乘以 20。这个"圣年"对玛雅人来说非常重要，260 天中的每一天都与不同的神灵有关。

第二个周期性计数包含 365 天，即"太阳历"（Vague Year），接近 365.25 天的真正太阳年计数。我们每四年用 366 天的闰年来纠正误差，但其中的小数部分超出了玛雅人的数学能力。太阳年由 18 个月组成，每月 20 天，再加上 5 个祭祀日组成的短月，从而接近真正的太阳年。这个计数周期也由一系列组合的名称和数字组成，因此任何一个真实的日子都有两个计数系统的数字和名称，例如卓尔金历的数字和日名以及太阳历中的数字和月名，如 I 伊克（IK）I 波普（pop）。由于这两种计数方式相互交织，相同的四部分组合不会在太阳年的 52 个周期内（也就是 52×365 天）重复出现。但玛雅人需要以另一种形式计数，来区分相隔 52 年或更长时间的近似日期。这个系统被称为"长历"（Long Count）。

长历有着独特的意义，即不可能重复出现，这种形式的计数需要一个固定的起始日期，就像我们使用假定的基督诞生日期作为当前时代日历的开始一样。玛雅人使用了一个神话的起始日期，定在我们日历中的公元前 3114 年 8 月 11 日。长历被用来记录与特定事件有关的纪念碑的日期。这是一个从左到右读的成队列记录的计数系统（图1–13）。这种计数法必须通过逐步升级位数来容纳长的时段，类似于我们通过升级位数记录数字的方式。例如，1625 这个数字向我们表示了 5 个单位的 1，2 个单位的 10，6 个单位的 100，以及 1 个单位的 1000。玛雅人使用五个位数，其中第一位代表天的单位，被称为钦（kin）。第二位由 20 钦组成一个玛雅月，称为韦纳尔（uinal）。在第三位，玛雅人偏离了他们的二十进制系统，只包括 18 个而不是 20 个韦纳尔来组成一个玛雅年，称为吞（tun）。每个吞包含 360 天，是与 20 的倍数（20×18）最接近的计数。下一位继续使用二十进制系统，包含 20 吞（或 20 "年"），这个周期称为卡吞（katun）。在蒂卡尔，"卡吞"是一个非常重要的周期，在许多卡吞周期结束时都会竖起一座有纪年的纪念碑来庆祝。最后一位包含 20 卡吞，400 "年"或吞，这被称为巴吞（batun）。这一位可以包含足够的时间来记录从神话开始到现在的玛雅。在蒂卡尔，已知的纪年日期从第 8 个巴吞开始直到第 10 个巴吞。关于蒂卡尔的历史跨度将在后面的章节中讨论。

在"长历"的日期上，记录的天数是在后面加上日期的全称。我们以下列方式记录此类日期。9.14.0.0.0 6 阿豪 13 磨安（Muan）。这句话的意思是，从起始日期开始计算，第 9 个巴吞，第 14 个卡吞，无吞，无韦纳尔，无钦，卓尔金历中的 6 阿豪日，第 13磨安月。

这恰好是第 14 个卡吞的结束日，这就是没有吞、韦纳尔和钦的原因。这是蒂卡尔的 16 号石碑上记录的日期，即 711 年 12 月 1 日。虽然玛雅人的系统很复杂，但在许多方面与我们以一个指定的日期为起点来记录过去时间的方式相似。

在本书中主要使用我们现在日历中的相关日期，但本章在注释中仍以上述简短的方式标注了玛雅长历的日期。

图1-13　北平台地5号石碑是一个象形文字的优秀范例，包括玛雅日历中的一些日期。文字从左到右，从上到下阅读。

第 2 章　发现蒂卡尔

1525 年，赫尔南·科尔特斯（Hernan Cortes）从墨西哥出发，经过后来成为危地马拉佩滕省的地区前往洪都拉斯。他经过了佩滕伊察湖（Lake Peten Itza）对面的一个仍然有人居住并繁荣发展的名为塔亚索（Tayasal）的玛雅城市。他在旅程中与人友善，还把一匹马送给了塔亚索的国王，这一事件被载入了危地马拉的史册。塔亚索位于狭长的佩滕伊察湖的西端附近，距离蒂卡尔遗址仅 60 公里。这么大的一座古城被这位勇敢的探险家错过似乎让人很诧异，但我们必须记住他对遗址本身不感兴趣，而是对人及其财富感兴趣。

西班牙对新大陆进行探索的几个世纪是一个剥削的时代。他们的目标是以西班牙国王的名义索取土地，夺走所有有价值的"宝藏"，并使人们皈依基督教。在科尔特斯到达后的一个多世纪里，西班牙探险家们一直关注对西班牙统治进行了出色抵抗的塔亚索。在这段时间里，并没有人发现蒂卡尔。

从考古遗存中可知蒂卡尔在 19 世纪时存在一个聚落，居民可能是讲尤卡坦语的人，就像那些佩滕伊察湖北岸（如今属圣何塞和圣安德烈斯）的居民一样。该聚落的确切年代不得而知，但这些居民被认为是蒂卡尔得名的一种可能。

蒂卡尔的得名

在尤卡坦玛雅语中，对"蒂卡尔"一词的一种解释是将该词分为"ti'"和"k'al"，意为"地方"和"精神"。由此被浪漫地翻译为"神灵之地"或"灵声之地",有一位学者认为是"黑夜中有哭声的地方"[1]。传说在 19 世纪的某一时刻,聚落内的居民被从废墟中的简陋房屋中赶出,原因是对"神灵之声"和蝙蝠瘟疫的恐惧。蝙蝠,特别是小果蝠总是喜欢栖息在宫殿和神庙的空房间中。狂犬病的暴发可能导致了在 19 世纪中期重新占据该遗址的玛雅人最终离开这里。

除了我们所知道的这个名字的来源和它的玛雅含义之外,还有一个古代玛雅人用来识别该遗址的徽记(图 2-1)。这就引出了两个问题。蒂卡尔这个名字有没有可能是通过口头传统长期保存下来的原始名称?这个徽记可以读出来吗?对此,存在两个学派的观点。克莱曼斯·柯金斯(Clemency Coggins)和克里斯托弗·琼斯都认为这个名字是原始的称谓,且有多种翻译方法。[2] 主流翻译方法和对被称为"卡吞"的 20 年周期的崇敬有关,在蒂卡尔的许多双金字塔建筑群中表现得非常明显,这些金字塔是为了纪念卡吞周期的结束。正如柯金斯所指出的,在尤卡坦玛雅语中,20 的计数是"k'al",而"ti"是"地方",可读作"卡吞计数之地"或蒂卡尔(Ti'k'al)。

此外,玛雅人将时间描绘成神灵所背负的包裹。这个徽记被解读为一个捆绑起来的时间包裹,以卡吞来表示。这是一个令人信服的解释。

图 2-1 这个徽记表示"蒂卡尔的神王"。捆绑的包裹图案是与这个城市的名称对应的象形文字。

最近的一种解释代表了另一个学派的观点，是基于在洪都拉斯科潘遗址发现的一个雕像。这是一座成年男子的雕像，从后面看，头发的排列与蒂卡尔的徽记完全一样：一个捆绑着的包裹。在这种情况下，捆绑着的包裹是男子的发式，是一个发髻。大卫·斯图尔特（David Stuart）用玛雅语"mutul"一词来解读这种构造，"mutul"也有"花"的意思[3]。柯金斯已经指出男性发髻在蒂卡尔图像中的重要性，认为这是在艺术中模仿遗址徽记的一种手段。

原来的城市名是叫蒂卡尔（代表对时间的敬畏），还是叫"Mutul"（表示一种花，视觉上又很像一种发髻）。这仍然是一个需要探索的问题。对于游客和危地马拉旅游局来说，这个名字仍然是蒂卡尔。

发现史

当19世纪的居住者离开时，佩滕已经成为人口主要分布在60公里外的湖岸边的一个政治实体。显然，这些人普遍知道蒂卡尔遗址的存在。然而直到1848年，由两位政府官员带领的官方探险队才对遗址进行了考察，这两人是埃尔佩滕的行政长官莫德斯托·门德斯（Modesto Mendez）和部门负责人安布罗西奥·图特（Ambrosio Tut）。与他们同行的还有一位艺术家尤西比奥·劳拉（Eusebio Lara），他是第一个对该遗址的部分雕像纪念物进行记录的人。调查后的第二年，柏林科学院出版了关于这次旅行的记录及劳拉的插图。门德斯于1852年再次考察了该遗址，但没有留下记录。

正是在这次考察期间，著名的美国人约翰·劳埃德·斯蒂芬斯（John Lloyd Stephens）和他的英国同伴兼插图画家弗雷德里克·凯瑟伍德（Frederick Cather-wood）走遍了玛雅地区，记录了一些遗址并使其为西方世界所知。碰巧的是他们没有听说过蒂卡尔遗址，所以这个最重要的遗址没有出现在他们的记录中。

下一个我们知道的探访者是瑞士伯尔尼人古斯塔夫·伯努利（Gustav Bernoulli）博士，为了自己的健康，他在伟大的探险家亚历山大·冯·洪堡（Alexander von Humboldt）的推荐下在危地马拉定居。1877年，伯努利在探索玛雅文化遗址时在帕伦克遗址（Palenque）碰到了特奥伯特·迈尔（Teobert Maier），可能是采纳了迈尔的建议，不久后他从那里前往蒂卡尔。在这次初步考察之后，他下令拆除了三块木板，其中两块来自四号神庙，第三块的一部分来自一号神庙。这些木板如今收藏于巴塞尔的福尔民族学博物馆（Museum fur Volkerkunde），它们仍是所有蒂卡尔木板中保存最好的。伯努利博士按照当时的规范行事，从政府那里获得了移除这些木板的全部官方许可。这些行为反映了19世纪人们对考古学功能的看法，即收集奇珍异宝用于展览和教育。

阿尔弗雷德·珀希瓦尔·莫兹利（Alfred Percival Maudslay）是下一个探访蒂卡尔的探险家。作为一名英国人，他为蒂卡尔做了斯蒂芬斯和凯瑟伍德为其他地方的许多玛雅城市所做的事情：使该遗址为西方世界所知。[4] 莫兹利制作了第一张简易地图，它揭示了人们最初对彻底探索或认识最突出的建筑之外的东西的迟疑。然而，莫兹利的贡献是一把双刃剑。他在1881年和1882年拍摄的蒂卡尔主要神庙的照片非常壮观，让我们看到了这些大型建筑在被遗弃后第一次清除植物时的真实面貌（图2-2、图2-3）。不幸的是，一旦这些建筑在没有任何保护的情况下暴露在大自然中，许多细节就会因侵蚀而消失。事实上，蒂卡尔的金字塔在努力保护之前曾两次因暴露而受到侵蚀损害。

蒂卡尔的下一位访客是特奥伯特·迈尔，他曾建议伯努利考察该遗址。迈尔出生在德国，定居在奥地利，在玛雅地区旅行和探索多年后，受雇于哈佛大学皮博迪博物馆考察该遗址。他的任务是尝试对该城市遗址进行彻底的探索和记录。他从1895年5月25日到6月5日，绘制了五座所谓的"大神庙"和部分后来被称为中央卫城的地方的平面图。[5] 其中包括从那时起就被称为"迈尔宫殿"的双层宫殿。迈尔将这座建筑群作为他的驻地总部，我们需要知道的是整个建筑群被高大的树木完全遮挡着（图2-4）。无论如何，宫殿的第一层基本完好无损，而迈尔的描述是不得不在中部门道外燃起大火来阻止咆哮的美洲豹，这是颇为浪漫和引人入胜的。他听到的很可能是与美洲豹的叫声非常相似的吼猴的叫声。游客至今仍能听到这种令人毛骨悚然的声音，而且吼猴确实整夜都在吼叫。

1904年，迈尔又回到蒂卡尔，这次他从8月初一直待到11月中旬，大约三个半

图 2-2　神庙景观，阿尔弗雷德·莫兹利拍摄于 19 世纪末。

图 2-3　神庙景观，阿尔弗雷德·莫兹利拍摄于 19 世纪末。

图 2-4　被称为"迈尔宫殿"的 5D-65 号建筑，是特奥伯特·迈尔在 1895 年和 1904 年居住的地方。这座宏伟的宫殿是在 8 世纪末由蒂卡尔的第 29 位统治者建造的。

月。他又一次住在以他的名字命名的建筑群的中部房间。他在中部门道的东侧门框上留下了红色题词，采用的是当时典型的欧洲书法。他名字下面的年份"1895/1904"记录了他在这个房间里生活过的短暂岁月。尽管迈尔把他的文字描述和许多建筑平面图交给了皮博迪博物馆，但他晚年对博物馆使用他的作品变得有点多疑了。博物馆从迈尔的成果中获取巨大的好处，这想来似乎很滑稽，但这使得迈尔保留了他绘制的遗址的详细地图，这份地图在多年后才面世。

为了完成出版，皮博迪博物馆不得不在 1910 年向蒂卡尔派出一支新的探险队。下一位探险者是艾尔弗雷德·托泽（Alfred Tozzer），他将成为第一个获得哈佛大学著名的鲍迪奇（Bowditch）教席的学者，由年轻的雷蒙德·E. 默温（Raymond E. Merwin）协助，他后来成为著名的玛雅学者。[6] 以前的探险家都是从西部进入遗址，即从弗洛雷斯岛和佩滕伊察湖进入，而托泽与默温的探险队则是第一批从东部进入的人，途经英属洪都拉斯，即现在的伯利兹，从埃尔卡约（El Cayo）到亚克萨哈湖（Lake Yaxha），然后从陆路向北抵达蒂卡尔。托泽认为这是当时最简单的路线，并推荐给后来的探险家。在遗址待了一个月后，托泽和默温完成了一张细节比莫兹利的要多得多的地图，但仍忽略了遗址中心数千座小型建筑，且没有意识到城市的全部范围。这张地图连同更详细的数据，与迈尔的报告结合起来，于 1911 年出版。该成果是一部激动人心的作品，即使在今天也能传达出该遗址的韵味。当我在多伦多王室安大略博物馆求学时，正是这本书所激发的灵感最终促使我成为蒂卡尔的又一位探险家。

在皮博迪博物馆的这项开创性工作之后，人们的注意力从对蒂卡尔的建筑转移到象形文字铭文上，在大多数玛雅遗址中都有铭文。在华盛顿卡耐基研究所（Carnegie Institution of Washington）的支持下，西尔瓦尼·R. 莫里（Sylvanus R. Morley）承担了尝试记录在佩滕省发现的所有铭文这一重要任务。[7] 以我们今天对古代玛雅聚落和铭文记录的广泛分布的了解，可以肯定的是，这项雄心勃勃的工作并未完成。然而，莫里的努力仍然是学术界的一个里程碑，他在 1914 年、1921 年、1922 年和 1928 年来到蒂卡尔做记录。除了这一伟大的努力之外，莫里对玛雅研究还有另一个重大贡献，即在北部约 18 公里处的瓦夏克吞（Uaxactun）遗址的发掘工作。这个项目为了解该遗址的地层和年代奠定了学术基础。与莫里一起在瓦夏克吞工作的考古学家是埃德温·M. 舒克（Edwin M. Shook），他是一个年轻的工程系学生，后来成为 20 世纪最博学的玛雅学家之一，并成为宾夕法尼亚大学蒂卡尔项目的第一任项目负责人。

在瓦夏克吞发掘期间，舒克曾顺道往南走到更大的蒂卡尔遗址。那段路要沿着采胶人小道（chiclero's trail）走 5 个小时，当时该遗址没有人居住。从 1926 年到 1937 年，蒂卡尔附近的工作一直在进行，在此期间，适用于该地区环境和文化特点的考古发掘的基本原则已经形成。

蒂卡尔项目：宾夕法尼亚大学

　　仅仅十年之后，即 1947 年，珀西·马德拉（Percy Madeira）向宾夕法尼亚大学博物馆馆长弗勒利希·雷尼（Froelich Rainey）提议在最大、最古老和最重要的玛雅遗址之一——危地马拉的蒂卡尔开展主要工作。

　　马德拉是土生土长的费城人，是博物馆的董事会主席，而雷尼将担任该机构的主任长达 29 年。虽然得到了积极的回应，但该提案不得不搁置数年，直到阿本斯（Arbenz）政府垮台后，危地马拉的亲美政府才欢迎宾夕法尼亚大学。这个长期以来对蒂卡尔进行考察的梦想终于在 1955 年实现了，这一梦想起始于费城和匹兹堡显赫家族的客厅。其结果是几个学者和捐赠者之间达成了合作，其中大部分是和大学博物馆直接相关的人。这些人是珀西·马德拉、弗勒利希·雷尼、约翰·迪米克（John Dimick）和他早先在危地马拉工作时的朋友，原卡内基研究所的埃德温·舒克。

　　20 世纪 40 年代，危地马拉军方在遗址东边修建了一处小型的简易机场，以便在与英属洪都拉斯发生冲突时使用。这一情况使得人们可以直接乘飞机前往该遗址，同时缓解了在佩滕中心地带工作的后勤问题。因此，正是由于危地马拉和现在称为伯利兹的国家之间存在冲突的威胁，才有可能在蒂卡尔开始工作。

　　此时必须建造一处驻地来容纳考古队，并建造一个村庄来为工人服务，这些工人大多是来自危地马拉高原卡克奇奎（Cakchiquel）语区的玛雅人。奥布里·特里克（Aubrey Trik）是一位受过古典建筑传统教育的建筑师，在危地马拉高地的萨古莱乌（Zaculeu）遗址有过发掘经验，他在早期阶段就加入了这一发掘团队。他将建筑知识首先应用于村庄的设计，后来又应用于更重要的工作，即复原古代的纪念性建筑。作为第一任项目负责人，埃德温·舒克从 1955 年到 1961 年见证了遗址的发掘工作和绘图工作。他进行了探沟发掘，发现了位于北卫城下面的墓葬。这些令人印象深刻的神庙和平台构成了蒂卡尔大广场的北侧，几个世纪以来一直是王的埋葬之地。

　　大学博物馆有着开展大规模考察的悠久传统，特别是在近东地区，这里习惯雇用大量民工，他们可以迅速移除大量的土，以便在一定时间内将纪念性建筑揭露出来。蒂卡尔遗址规模如此之大，正是由于有意识地引入了近东的发掘方式，罗伯特·S. 戴森（Robert S. Dyson）被任命为该项目的下一任负责人。1962 年，戴森从伊朗哈桑路（Hasanlu）遗址的发掘中抽身出来，接手了蒂卡尔的发掘工作。工人的数量上升到 100 人以上，这对玛雅文化遗址的发掘来说可能是一个前所未有的数字，至少在当时是如此。此时笔者开始负责启动了中央卫城的工作。1963 年，戴森不得不回到他自己在伊朗的研究中，他的继任者是一开始就参与了这个项目，博物馆的美国部负责人威廉·R. 科二世（William R. Coe Ⅱ ）。

最初的加固和复原项目由奥布里·特里克负责，他早先曾在高地遗址萨古莱乌工作过。[8] 随着项目范围和预算的增加，责任的分配也同样变得多样化。作为大学博物馆的流动建筑师和考古学家，特里克被安排参与博物馆的其他项目。瑞士考古学家乔治·吉耶曼（George Guillemin）接替了他的工作，担任现场指挥和复原工作的负责人。三年来，我除了负责中央卫城的发掘工作外，还负责预算事务和项目的工地管理。科担任项目总负责人直到 1969 年项目正式结束。他那本详细的长篇报告《蒂卡尔发掘报告 14》描述了北卫城和大广场的发掘情况。该报告于 1992 年出版，被一位评论家誉为目前最有成就的玛雅考古学家的杰作。

如此大规模的项目需要大量资金，因此不得不从私人筹集转向更多的官方资助。危地马拉政府意识到在佩滕的偏远森林中开展这个大型项目的好处，并同意再资助几年的调查和复原工作。这种国家层面对外国考古项目的支持在玛雅考古史上是史无前例的。这种有保障的资金使得总是比发掘更费钱的复原和保护工作得以扩大。保护已发掘的遗迹如今已经成为标准，而这种保护理念就是在当时开创的。

该项目与时代·生活公司签订了一项协议，即任何重大发现都将首先报告给他们，他们将进行宣传。在大广场北平台的 5D-34 号神庙下 10 号墓葬和在蒂卡尔的标志性建筑一号神庙下 116 号墓葬的发掘是最引人注目的事件，《生活》杂志对此进行了报道。[9]

作为项目的一部分，每个工作人员都有一个永久的项目编号，以便在记录笔记和照片时进行识别。在 15 年的田野工作中，蒂卡尔项目记录了 113 名专业参与者，其中大部分是来自宾夕法尼亚大学和其他学校的学生。有趣的是，1 号是项目的第一任负责人埃德温·舒克，113 号则属于佩森·希茨（Payson Sheets）博士，他现在是科罗拉多大学的著名考古学家，因其在埃尔萨尔瓦多的工作而闻名。在所有这些在蒂卡尔进行过专业培训的人中，大约有十几个人组成了现场核心成员，他们的工作包括对蒂卡尔核心区、外围区进行调查，并开展必要的实验室保护和分析工作。[10]

当然，在这种人员多和时间长的项目中不可能没有问题，宾夕法尼亚项目也不例外。多变的雨季带来的困难导致工作延误和受挫。孤独和疾病确实是一个因素：工伤，北美人不熟悉的奇怪疾病——疟疾、利什曼病、脑膜炎、组织 – 浆液性疾病；被可怕的铁矛蛇咬伤；军蚁对驻地的攻击尤其令人担心，特别是在晚上。阅读医学诊断书《默克手册》成为周六晚上一种愚蠢的娱乐方式。这样的阅读只会激起人们的想象力。然后，随着项目的结束，深度参与的研究生们承担了沉重的出版任务，他们毕业后被迫从事其他工作。尽管如此，39 本的报告中有 18 本已经出版，而其他许多报告要么在等待出版，要么在积极准备中。

1969 年圣诞节，大学博物馆正式将该遗址移交给危地马拉政府，这一特殊的调查和复原工作也随之结束。该项目的目标有很多：调查整个遗址；通过发掘了解遗址中古代社会的各个阶层，而不仅仅是贵族；在预算有限的情况下尽可能多地复原和修复，以便于未来游客参观遗址；建立一个可供游客和学者使用的基地。尽管由于数量庞大，以及出版费用的问题，该项目这一阶段的完成进度有所减缓，如今，所有这些目标都实现了，现在这些资料的出版工作已经取得了很大进展。迄今为止，大学博物馆的蒂卡尔项目是新大陆中规模最大的考古项目。

蒂卡尔国家项目

鉴于首个蒂卡尔项目的成功，以及该遗址庞大的规模和开展进一步工作的需求，危地马拉政府于 1979 年启动了第二个项目。西班牙文的标题反映了国家对这个项目的控制。被任命的主任是危地马拉的考古学家胡安·佩德罗·拉波特（Juan Pedro Laporte），他曾作为第 57 号项目成员在最初的蒂卡尔项目中积累了大量的田野经验。

新项目有一个新的研究重点。除了进一步调查外，还希望开放遗址的另一部分供游客参观，并就开放的最佳地点征求美国公园管理局的意见。拟调查区域的重要性以及对开放空间的需求都仔细考虑过。被亲切地称为"失落世界金字塔"的区域被选为新开发和发掘的地点（图 2-5）。这座巨大的金字塔在宾夕法尼亚大学的项目中已经进行过部分勘探，表明其年代始于前古典中期（约公元前 600—公元 350 年）。它坐落在一个宽阔的露天广场上，两边是属古典时期不同阶段的众多神庙（图 2-6）。这个位置的发掘成果超出了所有人的预期，揭示了另外一处王墓，这处王墓是早期项目发掘的北卫城王墓的备选。

此外，在失落世界金字塔南部的一个区域似乎没有任何重要的地面建筑，因此进行了一系列试掘，预计发掘结果只会很一般。但相反，试掘发现了大量埋藏在平坦地表下的建筑。在 5C-XVI 组建筑的发掘中，发现了完整的可以追溯到古典早期的被埋藏在地表下的卫城。这一发现对探索该遗址在这一时期的政治活动有很大的启发，同时也表明在地图上明显的空缺区域可能还有更多未被发现的建筑。在 1989 年项目结束之前，蒂卡尔北组的其他计划中的发掘工作还没有完成。

除了这一区域外，蒂卡尔国家项目还在其他区域开展工作。自 20 世纪 30 年代和 40 年代卡内基发掘以来，位于蒂卡尔北部的瓦夏克吞并没有受到考古学家的关注。因此，在修建了一条连接两个遗址的道路后，这里重新开始了发掘和复原工作。

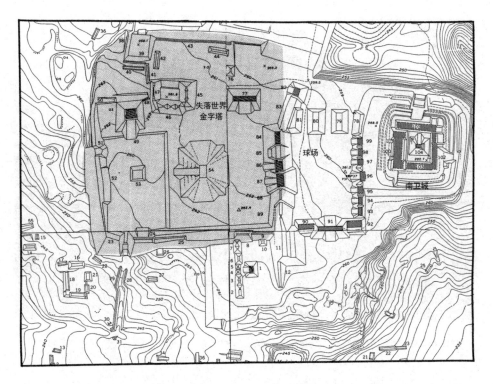

图2-5　危地马拉国家项目研究区的地图，其中心为"失落世界金字塔"。在广场的东边发现了三座相邻的古典晚期的球场，被称为"七神庙"。

图 2-6　发掘和复原后的失落世界金字塔（SC-J4 号建筑）的西边。看到的建筑是古典早期的。

　　宾夕法尼亚大学项目和国家项目的努力表明蒂卡尔还有很多东西需要了解。据估计，通过测绘了解到的建筑中只有不到 10% 得到了发掘。在六座被命名为 " 大神庙 " 的建筑中，宾夕法尼亚大学发掘了两座（一号和二号神庙），危地马拉和西班牙联合项目目前正在对五号神庙进行隧道发掘。这样一来，还有三座被命名的大神庙未进行发掘（三号、四号和六号神庙）。即使是在笔者工作了三年的中央卫城，46 座建筑中也只有 24 座做过发掘，占比 52%。我们知道许多问题的答案就在未发掘部分的下面。

　　近年来，危地马拉政府制定维护和修缮计划，保持着对蒂卡尔的兴趣。目前正在进行的新发掘工作，希望考古调查也能够继续进行。作为一个用于学习的实验场所，该遗址似乎提供了无穷的可能性。遗憾的是，筹集发掘资金方面仍有难处，即使是对于这个曾经是新大陆都城的伟大城市来说，情况亦是如此。然而在其他方面的突破，即在蒂卡尔和其他遗址的象形文字翻译方面的突破，使我们对蒂卡尔之王的历史的认识有了令人振奋和启示性的进展。在佩滕地区甚至更远的地方都发现了关于这座伟大的中心城市的记载，这有助于拼凑出至少是古典时期蒂卡尔的粗略历史。

本章试图根据宾夕法尼亚大学博物馆的工作，以及所有关于该遗址的艺术、图像学，特别是涉及该遗址古代历史变迁的象形文字学的工作，来总结该遗址目前的情况。任何关于蒂卡尔的描述都不可能是完整的，而本书也不打算扮演这样的角色。相反，它的目的是为读者提供信息，并在目前可能的范围内阐释该遗址及其已知的历史。为了做到这一点，我从王朝统治和文字记录开始之前的考古资料中追溯该遗址的发展过程。在记录开始之后，就会提到一个"开创者"。这个人被蒂卡尔的玛雅人认为是他们历史的一个里程碑。显然，这个开创者并不是蒂卡尔的第一个统治者，但他是那些用文字记录蒂卡尔的进步和衰退的古代玛雅历史学家的一个固定参考点。根据目前已知的证据，该遗址的历史是通过其统治者的作品和继承关系来追溯的。这个记录并不完整，而且可能我所有的同事都不会同意我对某位统治者完成了哪些功绩及其对蒂卡尔发展的贡献的解释。这就是考古学证据和学术解释的本质。本章的目的是为解释提供证据，使饱经沧桑的废墟重新还原它们曾经的生命体，并首次介绍统治者眼中的蒂卡尔的故事。

如今的蒂卡尔

现代朝圣者就像该遗址最早的居民一样来到蒂卡尔，在城市的东部边缘，靠近巴约圣达菲河岸。这些朝圣者不再能直接飞到为最初的项目提供便利的机场。蒂卡尔国家公园关闭了机场，以保护遗址及其周边的自然风貌。取而代之的是，游客必须走一条类似于 1848 年莫德斯托·门德斯首次访问这座古城时的陆路路线。这条路现在直接从圣埃伦娜的新机场出发，靠近首都弗洛雷斯和塔亚萨古遗址。

抵达蒂卡尔后，迎接游客的是公共建筑群、博物馆和酒店，它们现在占据了 20 世纪 50 年代至 80 年代考古工作站曾经的驻地。从这个古老的入口处，游客必须像原来的居民一样，步行爬上吸引最早定居者的山脊。从现代建筑向西走的一条白色道路在现在的公园大门处分叉，沿着宾夕法尼亚大学项目修建的老路向前延伸（图 2-7）。这个现代道路系统很简单，但并不是随意安排的。右边的道路通向 E 组建筑，这是一对双金字塔群，是由同一个统治者在东西向的高地上建造的。从这里开始，道路与迈尔堤道相接，沿着堤道向上，到达紧邻大广场的东广场，在那里与一号神庙后面的南面道路的顶部交汇。

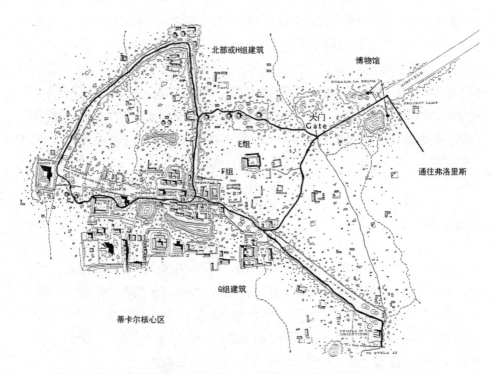

图 2-7　遗址的游客地图显示了南面的入口、博物馆的位置，以及进入主要遗迹的路线。

南面的道路从靠近"驻地"的同一个入口处开始。它在森林中短暂地蜿蜒前行，一路上看不到任何建筑，最终在堤道的一个转折点与门德斯堤道汇合，与一个名为"G组"建筑的宫殿群毗邻。这处有趣的建筑群已被部分清理，游客可以进入一个内部庭院和一组围合的、部分复原的宫殿。从这里开始，道路沿着门德斯堤道延伸，人们可以沿着堤道的下端向左急转至东南方向，最终到达位于尽头的六号神庙，也被称作铭文神庙，这是这座城市的一个重要建筑。这座被编号的大神庙坐落在远低于大广场的位置，远在城市中心的东南方向，在地图上看起来就像城市的延伸。沿着门德斯堤道从G组建筑走向大广场，道路坡度急剧上升，爬上山脊，在东广场结束。也是在这里，北部路线和南部路线在一号神庙后面交汇。进入东广场，游客会经过5E-38号建筑，这是一座位于道路南侧的大型神庙。东卫城、市场和一座大球场（美索美洲举行球赛的地方）都掩映在现在的森林中。紧挨着中央卫城的墙有一座小型的仪式建筑，能见到三层楼梯，其特奥蒂瓦坎风格的装饰引人注意。然而，一号神庙的背面在东广场上占主导地位，第一次来的人第一眼看到它时，总是感到惊叹（图2-8）。

从东广场出发，有一条斜坡通向大广场，这里是城市的心脏和中心，东西两边相互对峙的一号和二号神庙占据主导位置，同时还包括北卫城神庙群，以及靠近广场另一边的中央卫城宫殿群。来到这里的朝圣者不禁被这一宏伟而神圣的空间所震撼。中央卫城是一个由六个不同层次的庭院组成的高台建筑群，从大广场的中部向东延伸，几乎超过东广场的一半。

今天，通往广场和广场以外的道路只能由政府车辆和步行者使用，北卫城后面的一条支路现在禁止所有车辆进入大广场。旧的工程路从二号神庙后面继续向西，经过西广场，紧挨着三号神庙，然后绕过"蝙蝠宫殿"，现在根据更永久的特征，而改称为窗之宫（the Palace of the Windows）。以前住在这里的蝙蝠在建筑修复期间被赶走了。从"窗之宫"的后面，道路弯弯曲曲地穿过N组建筑，这是一座对城市历史具有重大意义的双金字塔群，最后到达四号神庙，从大广场到四号神庙的距离是1公里。四号神庙是新大陆最高的本土建筑，由于修建在巨大的金字塔上，看不到它的底部。然而，从东面的一些建筑顶部可以看到上面清理过的神庙。从四号神庙出发，一条最近恢复的道路沿着莫兹利堤道前往H组建筑，即城市的北部核心。

图 2-8　游客第一眼总是从东边看到一号神庙。在现在生长在东广场上的雨林中，这座大神庙被戏剧性地勾勒出来。

在地图上，古代堤道的路线清晰可见。与现代道路给人的混乱印象不同，现代道路只沿袭了部分古代道路。其中三条堤道将城市的三处主要建筑连接在一起，形成一个粗略的、断续的直角三角形。从一号神庙的正后方到 H 组建筑，迈尔堤坝将东广场与靠近被称为 R 组的双金字塔群的一条弯道连接起来。迈尔堤道有两个显著特点。它被一个巨大的阶梯打断了，这个阶梯向下通到 R 组北面的一个谷地里。当道路从北侧的谷地中爬出来，在到达 H 组之前，它又被一个面向南方的裸露的巨型石雕打断了。这个石雕曾经包含两个人像和三个刻字石板。人像展示了一个坐姿的胜利者和一个站着的被捆绑的囚犯。这个场景被认为属于 8 世纪中叶在位的第 27 任统治者亚克斯金，堤道本身也可能是他的作品。

近来对 H 组的重建工作使其非常值得一游。P 组双金字塔群矗立在一座大型神庙（5C–43）的西边，这个神庙比铭文神庙更大更高，但缺少一个冠状屋脊，这是古典神庙装饰的一个重要特征，所以没有被官方赋予"大神庙"的称号。

托泽堤坝（Tozzer Causeway）将西广场与四号神庙的底部连接起来，经过位于南侧的三号神庙、窗之宫和 N 组建筑群（双金字塔群）。就像一条喝醉了的斜线，莫兹利堤道连接着另外两条堤道，从四号神庙曲折延伸到北部的 H 组建筑，在 P 组双金字塔群处结束。H 组建筑以北的一组大型宫殿群不容易进入。

在城市中心的南面，一条深谷将另一处东西向的重要建筑群分开。在地图上，这条谷地的一部分被确定为宫殿水库和神庙水库。这一系列的神庙、广场和纪念性建筑几乎从东广场对面一直延伸到四号神庙。从东到西的主要建筑包括：五号神庙，这是一座高耸的大神庙，目前正在修复和发掘；南卫城，面向北方，完全没有进行过发掘；七神庙广场，包括三座球场和一处高台宫殿群；最后是失落世界金字塔群，其巨大的四层金字塔位于一处神庙和宫殿群的中心，虽然这个金字塔群攀登起来很困难，但从顶部俯瞰到的景色非常壮丽。

在遗址主体周围有数以千计的其他建筑，其中的一些非常大。F 组宫殿群位于东广场和 E 组建筑群之间，可以通过小路进入。然而，这组宫殿没有被发掘出来，就连对小路的清理也是零星的。

　　在这个非常简短的概要中所描述的所有建筑，游客都可以进入，但需要耗费不同的时间。例如，在大规模的发掘和修复过程中，仅中央卫城就需要几个小时来彻底探究其细节。相反，南卫城只能在其底部的小路上走过，因为到目前为止还没有进行过清理和发掘。参观这里提到的每一组景点，对于年轻和精力充沛的人来说，至少需要两天的时间，对于其他人来说则需要更多的时间。

第3章　山脊周围的村庄：前古典中期

红色：诞生、黎明和新的开始

蒂卡尔地理位置优越，位于一个大的分水岭的南部，这一分水岭大致呈南北走向，穿过危地马拉的佩滕地区。在蒂卡尔地区，这条分水岭的山脊被交叉的谷地和沟壑打破，形成了一系列不规则的山丘。

尤卡坦半岛的喀斯特地貌特征仍然深深地吸引着地质学家，因为这种地貌的形成具有不可预知的性质。尖锐或平坦的山丘从平原升起；地下河突然浮出水面，成为露天的水井；湿地盆地内有不透水的黏土，使得地下水位得以保持，形成今天的季节性沼泽。所有这些变化多端和不可预测的低地的地貌特征在都为古代玛雅人提供了极好的便利条件，他们拥有适应各种环境的聪明才智。蒂卡尔坐落于支离破碎的丘陵环境，两侧是被称为"巴约斯"（bajos）的沼泽盆地。

虽然这些盆地不适合居住，但它们在最初的定居和后来的城市发展中发挥了巨大的作用。它们提供了食物生产和运输的便利，还孕育了许多自然元素，这些元素被纳入城市的意识形态和精神世界。鳄鱼、青蛙和睡莲只是沼泽地的一些产物，它们被作为遗址的名称和仪式元素。来自这些沼泽盆地的墨水树（tinto）被用作木板或木制横梁，在神庙和宫殿中不会随着时间的推移而朽坏。

遗址的山丘和侧面的沼泽地有一种物理上的相互作用，这种作用取决于每天温度的波动和空气的湿度。太阳的升起和落下会影响温度变化，从而产生地面雾气，这些雾气聚集在高地的低处，特别是沿着沼泽地的侧面。古代玛雅人非常关注天体对地球的影响，他们肯定不会忽视这种现象。就在日出前，雾气弥漫，阻挡了人们的视线。然而，当太阳突破地平线时，光线照射到潮湿的地面上，世界变得流光溢彩，宣告了太阳神（Kinich Ahau）的重生，新一天（玛雅语言中的"钦"）的开始。"钦"的意思不仅是"白昼"，也是太阳神名字的根源。当太阳刚露出地平线时，它是红色的，当它最终沉入西方，即死亡的方向时，也是同样的颜色。在玛雅词典中，红色是东方的颜色，等同于出生、黎明和新的开始。正是在蒂卡尔的东侧，在这个大沼泽的边缘，也是在太阳升起的地方，发现了蒂卡尔最早的一个聚落。在整个前古典时期，这个地方对早期的聚落仍然很重要。傍晚的大气效应在日落前不久就开始了，但它们不像早晨那样引人注目。今天，古建筑顶部的一些极好的位置提供了观望每天太阳升起或落下的有利视角，这时任何人都可以仔细品味玛雅人对天堂的诞生、更新和死亡的象征意义。由于森林的缘故，现在最高的有利位置是失落世界金字塔的顶部（5C–54 号建筑），北卫城的最高点（5D–22 号建筑），以及四号神庙的顶部。从时间上看，这些建筑是前古典晚期、古典早期和古典晚期的建筑。对于早期定居者来说，北卫城的山顶可能是最好的有利位置。

聚落的来源

穿过东部大巴约（巴约圣达菲）的水路路线可能最初是从东部进入遗址的路线，这条水路在 3000 年前可能不是季节性的。四处游荡的玛雅人乘坐独木舟通过这条水路到达破碎的高地，在这些高地上建成蒂卡尔城。这条水流沿分水岭向下流向东部，流向其他沿河流堤岸建立的遗址——霍尔姆（Holmul）、纳库姆（Nakum）和纳兰霍（Naranjo）。其中纳兰霍遗址距离蒂卡尔中心 40 公里，在蒂卡尔的历史上扮演着重要的角色，先是作为朋友和盟友，后来又成为敌人。

最终，这条河道连接着一系列的遗址，像串珠一样，穿过伯利兹的现代边界，然后蜿蜒成为更大的河流，直到抵达加勒比海岸。作为一条贸易路线，它一定是非常重要的。所有的海洋生物（如贝壳、海草、黄貂鱼刺）对低地玛雅人来说都起着非常重要的仪式作用。来自遗址和墓葬的证据表明，蒂卡尔人对这种海洋生物崇拜特别感兴趣。作为一条探险路线，东部的河流很可能将最初的定居者带到蒂卡尔。

尤卡坦半岛南部的部分地区、蒂卡尔的东部和西部在更早的时候已经有人定居。包括西部分水岭上的阿尔塔德·萨克里菲乔斯（Alter de Sacrificios）和塞巴尔（Seibal），以及伯利兹的库埃罗、普尔乔泽沼泽（Pulltrouser Swamp）、科尔哈（Colha）等三处遗址，它们都是在公元前1200年建立的。相比之下，蒂卡尔最早的定居发生在约公元前800年，这表明这块缺乏永久性水源的山脊地并不是早期定居的主要位置。

起步晚的蒂卡尔

尽管进行了广泛的调查，但考古学界没有发现任何迹象表明公元前2000年至公元前800年之间在现在界定的遗址边界内有人类活动。这一阶段在玛雅低地被确定为前古典时期早期。从土地覆盖和人口密度角度来看，这种没有早期聚落的情况只能说明，一个遗址的最终规模并不一定与最早的聚落挂钩。这一结论与最近关于最早时期玛雅低地周围人群移动的理论一致。佩滕的中心地带在这个时期并不是定居的重点地区。相反，人们可能是从危地马拉和墨西哥的高地穿过墨西哥湾沿岸和伯利兹的海岸迁移下来的。从这些资料来看，聚落点显然是通过一连串被用作水路的湖泊传播并进入佩滕的中心地区。现在的沼泽地以前可能是湖泊，增加了进入佩滕中部可通行水路的途径。南伊利诺伊大学的唐·赖斯（Don Rice）对这些理论做了最清楚的解释，他的解释最符合已有数据。这样的聚落增长模式可以解释蒂卡尔在玛雅史前史中出现相对较晚的原因，也可以解释为什么在东部和西部的小遗址年代更早。

前古典中期的蒂卡尔

任何遗址的发展阶段都可以用时间阶段和文化特征来识别，如建筑和遗物类型，有时还有墓葬。最常见的识别标志是陶器，我们正是通过陶器才得以解释蒂卡尔第一批聚落出现的时间和地点。

帕特里克·卡伯特试图通过分析整个时期遗留在遗址中的大量陶片来确定早期定居的地点。他通过"单纯的"垃圾堆的存在来确定定居地点，这种垃圾堆是指只包含一个时期陶片的垃圾堆，这样的堆积物在蒂卡尔很少见，在公元前 800 年至公元前 600 年之间更是罕见。这些陶器分布点是确定特定时期特征的第一步。当建筑、墓葬和其他仪式特征出现时，这些也可以被作为描述蒂卡尔发展的组合资料的一部分。

艾布时期的遗址

艾布组合是最早出现在蒂卡尔的陶器组合，其年代为公元前 800—600 年。目前只知道三处遗址点有这一时期的"单纯"堆积，其中两个靠近遗址中心，一个在东部沼泽的边缘。这种聚落的分布本身就很有启示意义。它表明蒂卡尔的第一批人建立了三个独立的彼此相距不远的村落单元，这些单元位于不同的地点，每个地点都有自己的吸引力。

在北卫城下发现的一个遗址点是其中地势最高的一个。在建筑出现之前，这个地方很可能被当作一个圣地来崇拜，而这种崇拜的意义我们已无从知晓。对圣山的崇拜是玛雅宇宙信仰系统的一部分。最早的考古成果是在基岩中挖出的一处堆积，这处基岩后来成为最神圣的王室墓地——北卫城的基础。这个地方作为一个原始聚落，其古老性可能说明了祖先崇拜的存在，后来成为了几个世纪的王室墓葬所在。

另一个遗址点是在被称为"失落世界金字塔"（5C–54 号建筑）的建筑下发现的，这处巨大的建筑存在于前古典时代晚期（约公元前 350—250 年）。同样，原始聚落所在处后来成为城市最神圣的焦点地带之一，也是观看早晨和晚上大气效果的最佳地点之一。5C–54 号建筑是一个更大的建筑群的中心，其中包括唯一已知的另一处王室墓葬。原始聚落和随后的王室墓葬之间的相关性不可能是一个巧合，而恰恰表明了地方记忆对蒂卡尔的玛雅人非常重要。

第三处"单纯"的艾布阶段陶器堆积位于巴约圣达菲的最边缘，这个位置乍一看似乎与其他两处位于山脊处、具有远景优势的遗址点不相称。但这处位于沼泽边缘的遗址点距离北卫城只有 1 公里，而且位于太阳升起的水边，毗邻食物来源，通过水路可以方便地通往东部。此外，这并不是选择沼泽边缘定居的孤例。直到古典时期开始（250 年），在同一巴约的边缘也分布着类似的遗址点。在遗址定居的最早阶段，选择巴约圣达菲的边缘作为定居地点是出于重要原因。如果水位不比现在低，乌龟、鳄鱼甚至鱼类至少可以季节性地在沼泽中栖息。在艾布时期，所有三个已知的遗址点都在彼此容易沟通交流的地方，也许是为了方便在一个统一的群体内履行不同的功能。虽然后来高山脊地区的发展速度较快，但沼泽边的地点并没有被遗弃，事实上数量还在增加。

由于发现的材料稀少，人们对艾布人知之甚少。最好的资料来自于遗址中心的北卫城。该山丘高出巴约东部 60 米，令人印象深刻。古人直接在基岩上开挖了一系列坑，大部分坑被垃圾填满。在这些垃圾中，有大量的燧石（chert）片，反映出蒂卡尔可以获得这种上好的材料。这是一个非常重要的经济考量。它出现在这个最早的聚落中，说明燧石资源是该遗址定居的另一个因素。这些垃圾坑中还有黑曜石（火山玻璃）和石英石片，这两种材料都必须进口，因为在蒂卡尔附近没有这种天然的资源。这一迹象表明，在最早的定居期间，贸易是非常重要的。从一个坑中的木炭中获得的放射性碳测年结果是公元前 588 年，这一特定陶器使用阶段结束的时期——公元前 600 年即来源于这个测年结果。这些陶器包括数量和大小不一的容器碎片，可以在纸上进行复原。这些基岩坑中最大的一个含有单纯的艾布阶段陶器，表明附近有一个当时的聚落。有关建筑物的证据完全没有，这主要是由于后来在同一地区修建了大量的建筑，早期的建筑则被拆除。采石和修整的过程破坏了艾布阶段可能存在的建筑。

在附近的一个垃圾坑里发现了一个完整的人类头骨和有关节的下巴。这颗头骨是在一次暴力行动中与身体分开的，使得下巴和头骨连在一起，表明是故意砍头或祭祀用的。如果这个堆积物是一个旧头骨的二次埋葬，那么下巴（或下颌骨）不可能出现。附近的一个坑里有一具弯曲的成人骨架镶嵌在基岩上，根据它的位置，可以推测它与附近艾布时期的遗存是同时的。

　　艾布阶段的生活垃圾中出现了大量的蒂卡尔原生的螺壳（福寿螺属），这表明当时人们的生活环境跟现在一样，不仅拥有食物来源，而且有适合这种螺生长的潮湿、沼泽的自然条件（图3-1）。

图 3-1　福寿螺是一种水生物种，在蒂卡尔是一种食物来源。它们的遗骸经常出现在遗址的堆积食物中。

　　其他两个遗址点的艾布阶段堆积没有提供什么额外的证据来丰富这一时期蒂卡尔的生活场景。唯一的建筑是储水坑（Chultun），开凿于基岩之上，形制规整，其在蒂卡尔的功能仍然存在争议。测试表明基岩的孔隙太多，因此这些瓶状的坑中不可能有水。有些坑穴（包括5D-6号储水坑）里有长凳以及抹有灰泥的地面和坑壁，可以追溯到艾布阶段或其后续的特赞克阶段。它开凿于北卫城下山顶的基岩中，包含一个方形的主房间，其内有抹灰泥的地面和粗凿的长凳。三个较小的房间与主房间相邻，位置稍高。长凳和地面表明这可能是居住区，但这种猜测很难证明。由于储水坑是蒂卡尔相当普遍的遗迹类型，明确它们起源于遗址的早期阶段是很有意义的。

原始聚落的特点

很少有资料可以帮助描述蒂卡尔最早阶段的特征。很明显，这一时期的遗址点是小而分散的。要么偏爱沼泽边缘，获取这一区位优势带来的一切好处；要么选择在山顶建造村庄，并在城市的整个历史中作为最神圣的地方持续存在。

北卫城下的遗迹表明该处曾存在着礼仪活动乃至祭祀活动的存在。对本地产品（燧石）的开发立即得到了证实，而外来产品的贸易也已经有了证据。

从低地的其他地方我们知道，这一时期曾建有一些建筑，用于举行简单的仪式。储水坑已经出现。被称为"米尔帕"的刀耕火种的农业系统在这一时期已存在于其他地方，并且一定是经济的基础。沼泽地附近能带来特殊食物和后来出现在图像系统中的元素，不仅是食物的来源，也是意识形态的来源。

对艾布先民来说，陶器本身才是最有说服力的遗存，各种炊煮和盛食器在形制和表面处理上显示出一定的多样性。这些特殊的陶器类型大多来自低地的其他地方，但也具有独特性，证明了它们是蒂卡尔本地制作的，是一系列传统中的第一个。

特赞克陶器组合

特赞克陶器组合出现在蒂卡尔的原始聚落之后。二者的区别在于陶器样式的变化。尽管资料不多，但已经有足够的证据表明，与前一个陶器组合相比，特赞克陶器组合表现出更多的陶器形制和表面处理方式。

特赞克阶段的遗迹在地层上位于艾布阶段的遗迹之上，并且在后来对北卫城的改造中被破坏得更加彻底。因此，尽管特赞克器物在北卫城也存在，但特赞克聚落的分布图只显示了一处已知的单纯堆积物，它是位于遗址东部巴约边缘的一个新的遗址点。

让我们首先考虑那些确实出现在北卫城的遗迹，因为即使没有单纯的陶器堆积，那里营建活动的连续性也是很明显的。证据包括一个位于基岩坑中的单人蹲踞葬（121号墓），以及另一组也位于坑中的部分被烧过的骨头，这表明了火葬的存在。最后，一个倒置的容器可能是供品或"窖藏"。

一处确定的单纯的特赞克陶器堆积及其所暗示的聚落位于东部的伸入巴约圣达菲的高地半岛上。虽然靠近艾布阶段的遗址点，但其独立的程度足以证明一个新的村庄已经建立。这处特赞克阶段的遗址点包括一个随葬三件完整陶器的墓葬（第158号墓），提供了认识该阶段陶器的形制和装饰多样性的很好的资料。该遗址中数量更多的碟、盘和碗表明其陶器的种类比艾布阶段要丰富得多。这种生产的增加意味着人口的增加以及遗址的进一步扩张。在特赞克阶段，蒂卡尔逐渐成为一个更加统一的聚落。

在前古典中期，这些玛雅人仍然坚持使用两种截然不同的地方，为后来玛雅最大和最著名城市之一蒂卡尔的诞生奠定了基础。在东部沼泽边缘的定居可能反映了先驱者到达该遗址时的入口，并且在整个这一时期，它一直是首选地点。与城市中心相比，这是红色的方向，代表黎明，代表重生。

高山脊上的聚落最初有两个集中分布区，即北卫城山脊和失落世界金字塔的位置。这两个地方在前古典时期中期继续存在，并作为神圣的墓地一直持续到古典时期。

如果说在这个阶段有任何宇宙意识的话，那也是表现在位置上——蒂卡尔玛雅人同时占据他们的东部边界和形成蒂卡尔的山脊的一个地势最高处，处于一条遵循太阳每日运行轨迹的东西轴线上。这一宇宙的形状和大小在未来的几代人中会因为扩张的需要而不断改变。南北方向上还有待发展，这要根据城市统治者个人的命运和愿望来决定。关于蒂卡尔早期发展的故事，只有一部分是已知的，而且大部分要依靠推理。在下一个重要时期，即前古典时代晚期，可以看到独特个性的发展，以及第一批确切的宏伟建筑。尽管如此，正是艾布和特赞克阶段的先驱们确立了蒂卡尔的位置意识，以及神圣宇宙布局的雏形。

第 4 章　进入伟大时代：前古典晚期

蒂卡尔成为一座城市

公元前 350 年，蒂卡尔的先驱们在这个地方建立了他们的文明根基，并形成了蒂卡尔主要的基本特征。经历了一世纪的时代变迁，蒂卡尔展现出玛雅高级文明的所有属性。在公元前三个半世纪的时间里，大量的变化影响了蒂卡尔先民，在接下来的 250 年里甚至会有更多的变化发生。

考古学家称之为"前古典晚期"的时期在蒂卡尔是从公元前 350 年持续到 250 年。根据当地的发展历史，这一时期的年代在每个城市都有所不同。最容易看出变化特征的陶器是指示这些发展的主要证据，但其他遗物和考古特征也有助于界定一个遗址的这些变化和发展阶段。

发掘资料告诉我们，城市的轮廓沿着东西轴线而不是向原始聚落的北部和南部扩展。蒂卡尔的玛雅人紧紧依附于位于城东大巴约圣达菲边缘的最早村庄，似乎是害怕放弃他们来时的方向。一些村庄的位置是最早确立的，而另一些则是这一时期新出现的。唯一重要的向北扩张是在这一时期的最早阶段沿着沼泽地的岸边进行的。

北卫城仍然是该遗址建筑发展的主要焦点地带，这一山脊被确立为蒂卡尔的中心，这一固定地位在后来曾短暂动摇，然后又重新确立。北卫城西南的失落世界金字塔群是另一个重要的发展地点。这里的重点是建造一组相对较小的具有仪式价值和天文意义的建筑。这是一个被称为"E 组"的建筑群，其名称来自于蒂卡尔北部瓦夏克吞的一座建筑，这种类型的建筑群在那里被首次确认。E 组建筑群是一处观象台，以它的四层金字塔作为观像平台，向东朝向一排列在平台上的三个小神庙式的建筑。从观像金字塔上，观察者在春分和秋分时可看到升起的太阳位于中部神庙中间的后面；在夏至日可看到升起的太阳位于北部神庙的最北角；在冬至日则可看到太阳从南部神庙的最南角升起。失落世界金字塔群作为 E 组建筑群的功能在前古典时期中期首次建造时就开始了，并一直持续到前古典时期的结束。

　　失落世界区域的陶器堆积和建筑都表明，在整个前古典晚期，这个地方与北卫城是均衡发展的。但它们各自的功能在这个时期是完全不同的。一方面，北卫城仍然是神庙建筑的集中分布区，是埋葬国王的地方，也是一个日益增长的宇宙表达方式——自成一体的世界方向的宇宙图，它具有醒目的南北轴线，尽管这个轴线并没有延伸到卫城本身的范围之外。另一方面，失落世界金字塔群作为一个天文台，专门用来记录重要的太阳事件，以便于记录季节。

　　在失落世界金字塔群的西边发现了前古典晚期的单纯陶器堆积。有趣的是，它位于远离城市中心的东南方，且毗邻六号神庙，该神庙在 6 个世纪之后才被修建起来。尽管有一些零星的陶器发现，城市仍然沿着原来的东西轴线分布，从东部沼泽的边缘一直到四号神庙以西，但都集中在一个大约 750 米宽、2 公里长的狭窄地带。

失落世界金字塔

　　失落世界金字塔在地图上编号为 5C–54 号建筑。它与 5D–86 号建筑一起形成了一条具有仪式和天文意义的东西向轴线。5D–84 号和 88 号建筑位于 5D–86 号神庙的两侧，共同构成了观象建筑群（图 4–1）。"失落世界"这个名字是由这个地区最初的测绘人员命名的，他们被大金字塔在丛林中升起的景象和该地区大量的野生动物深深吸引（图 4–2）。蒂卡尔的这些探险家们认为，这里的环境唤起了他们对柯南·道尔在其同名书中原始世界的想象。这个名字沿用了下来，甚至被翻译成了西班牙语版本的"Mundo Perdido"。胡安·佩德罗·拉波特的发掘工作揭示了他所谓"纪念性天文建筑群"的发展过程。[1]

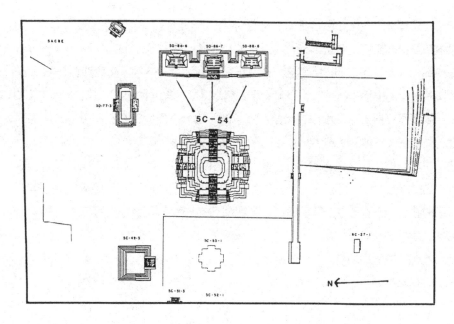

图 4-1 失落世界金字塔（5C-54 号建筑）是与东边的三座小神庙有关的天文观像台。

图 4-2 5D-84 号建筑是构成观象建筑群的三座小神庙之一，显示了能使人联想到柯南·道尔"失落世界"的所有元素。

49

　　主体建筑以一个小平台开始，从这个平台上可以看到东面的其他三个建筑。这三座建筑呈南北走向，紧密相连，间隔排列，在夏至日太阳在北部建筑处升起，春分时在中部，冬至时在南部。所有这些都是从西面平台的同一个中心点观测到的。这种布局随着时间的推移不断扩大，西部的小平台最终成为失落世界金字塔的本体，高约 32 米，平面呈正方形，四面都有台阶。台阶的一部分是巨大的石头和雕刻的灰泥面具，现已处于严重解体的状态（图 2-6）。在一两个案例中，有足够的细节表明这些是美洲豹面具，它们与瓦夏克吞的 E-7-Sub 上的面具一样，E-7-Sub 是中心建筑，该建筑群也由此得名。在瓦夏克吞，面具是垂直成对的，下面的面具显示的是"夜间美洲豹"，上面的面具显示的是"白天美洲豹"，这是太阳神齐尼奇·阿豪在夜间和白天的两种表现形式。面具之间的线是标志着东方地平线的平台，观察者需要站在这个点上观看与东部建筑有关的太阳现象。这些美洲豹面具的图像和功能很可能与失落世界金字塔及其东部的"神庙"有关（图 4-3）。

图 4-3　胡安·佩德罗·拉波特用图稿复原了失落世界的观象建筑群，以说明古典早期的布局，右边是放射状的金字塔，左边是用于观测的神庙。

失落世界金字塔的位置在蒂卡尔最早期就确立了。四面都有台阶的金字塔被称为放射状金字塔，第一个建筑原型是在公元前500年建成的。天文概念在公元前500年到公元前250年之间被正式确定下来，包括一个新的放射状平台和一座新的东部平台，这都比前古典时期中期的原型大得多。通过沿轴线设置墓葬和窖藏，东西向轴线的重要性在此时得以确立。这个规范的和仪式性的建筑群与同时代另一处主要的建筑群——北卫城形成了鲜明的对比。在北卫城，对墓葬具有重要意义的仪式性轴线是南北向的。

主金字塔和东部平台的进一步整修发生在公元前250年至公元前100年之间，相关的陶器阶段是楚恩陶器组合。此时，整个建筑群的规模再次扩大，但首次将巨大的面具作为中央装饰，并增加了两侧的台阶。下一个扩建阶段是在公元前100年和250年之间（卡瓦克和奇米陶器组合），此时金字塔的规模再次扩大，并首次在东侧平台上建造了小型神庙。东侧的中部神庙甚至在已有的东西轴线上放置了两个美洲豹面具。

在整个前古典晚期，墓葬和祭品都被置于神圣的轴线上。虽然被埋葬的人都有随葬物品来表明他们有一定的财富，但这些物品的数量和重要性都不足以表明他们是王或高级官员。在卡瓦克阶段，这样的高层人士仍然被埋葬在北卫城。前古典时期的结束并没有见证失落世界金字塔群发展的结束。正如我们将看到的那样，它在下一阶段古典早期之初达到了顶峰。

北卫城

从楚恩陶器组合（公元前350年—公元1年）开始，男人、女人和儿童的墓葬都有券顶，这一特征通常表明了墓主的贵族身份。然而，这些墓葬并未出土能够表明王室成员身份的随葬品。[2] 尽管这些墓葬的存在说明北卫城成为一处墓地，但质量差且数量少的随葬品不足以表明这些人特别重要。在这个具有仪式价值的焦点地带的发展过程中，王室的因素仍然缺失。科提供了最早的证据，即在后来卡瓦克阶段（1—150年）的一个神庙建筑下面埋葬了一个明显重要的人物。卡瓦克阶段蒂卡尔的建筑风格和墓葬形式开始形成（图4-4）。[3]

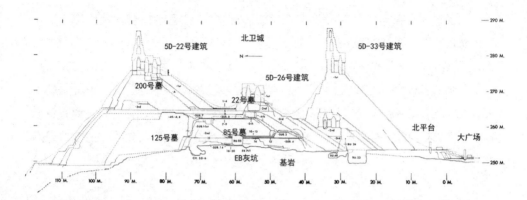

图 4-4　北卫城和北平台地构成大广场北侧，威廉·R. 科二世的发掘，揭示了这些建筑的复杂性和时间跨度。

死亡是一扇窗

通过北卫城的墓葬，我们可以瞥见在前古典晚期就已经形成的蒂卡尔的独特风格。卡瓦克阶段的墓葬表明了人们对死亡的态度以及对遗体的仪式性安置。这些早期的墓葬都是在小型神庙建筑下发现的，有些小神庙只保留了平台和残存的墙基，它们是被后来更宏伟的建筑破坏的。尽管仪式和随葬的贵重物品告诉我们他们是有身份的人，是领袖或阿豪，但这些墓主人没有留下姓名。这些无名的王室成员中有一些是女性，这一事实进一步告诉我们，即使在前古典晚期，女性也确实扮演着具有某种权力和影响力的角色。她们的生命对她们的后代来说非常重要，足以让她们在王室墓地中占有一席之地。因为没有任何文字能提供关于墓主真实姓名的线索，所有这些卡瓦克阶段的王室墓葬在今天只能用普普通通的墓号来表示。

四座编号分别为 166、167、128 和 85 的墓葬尤其值得关注。这些编号完全是基于它们被发现的时间顺序命名的，与它们在北卫城的地层没有关系。

166 号墓位于一个坑里，这个坑打破了一座朝东的小神庙的早期地面。这个小的、长方形的、带券顶的墓葬里有两个人的骨骼。他们在墓中的位置使人们对蒂卡尔的丧葬仪式有了一定的了解。这两个人显然都是成年女性。中心人物的头朝北，这是后来出现在北卫城王墓的主流头向。第二位女性是被虐杀的，她杂乱的骨头被放在了王室成员骨架的脚端。这个不幸的头骨可能作为牺牲被放在三个嵌套的陶器（nested ceramic vessel）中最底部的陶器里。在墓室的南端，20 个卡瓦克阶段的精美陶器被放置在"王后"的脚下。墓室的石墙被粗略地抹上了灰泥，然后用象征东方与生命的红色朱砂涂抹。这是已知最早的墓葬装饰方式，将在后文进一步阐述。东、南、西三面的红墙上用黑线描绘了六个人物形象。空白的北墙暗示了南方与北方、男性与女性的二元对立。这个装饰异常精美的墓葬是蒂卡尔关于死亡和丧葬的复杂仪式的最早案例。同样重要的是，这个最早的案例属于一个女性。这样的女性墓葬不仅在蒂卡尔，而且在一般的玛雅城市都是罕见的。

167 号墓葬为我们进一步打开了死亡之窗。这座墓葬位于另一座朝向西方的小型神庙建筑下，这座神庙横跨在由卡瓦克时期平台上的建筑形成的小广场上。这又是一座券顶墓，显示了蒂卡尔丧葬仪式的其他特征。这一次，墓主是一个头朝东躺着的成年男性。在 166 号墓葬中，女性墓主与神庙建筑的长轴平行。而 167 号墓葬中的男性则与上面的神庙长轴线成直角，通过这种有趣的对比可确定墓主朝东的头向。然而，这座墓葬最吸引人的地方在于两件大型陶器，分别放在主要人物的头部和腰部。头部的陶碗装着一具成年女性的骨架，而腰部的碗内则装着一个不到一岁的婴儿的遗体。这些殉葬者可能是谁，引起了大量的猜测。会不会是墓主的妻子和孩子，被塞在陶器里在墓里陪伴他？男性墓主人物的随葬品表明他的地位很高，而且很可能是王室成员。他的手腕上戴着带骨扣的贝壳手镯，他的脖子和胸前挂着一串贝壳珠串。在他的盆骨区域有一件可能与他的名字有关的绿石雕像。从蒂卡尔古典晚期的墓葬中发现的类似小雕像被证明与国王的名字有关。在墓室的西北角有 9 件精美的卡瓦克陶器，两件通常不随葬于王墓的涂有红色灰泥的葫芦。这座墓的墙壁是抹灰的，但没有涂红。尽管 167 号墓中的男人地位很高，对随葬者的处置也很残酷，但他的装饰水平与 166 号墓中的女士不尽相同。由于我们不知道他们之间的关系，所以这种比较没有什么意义。更有意思的是，在 167 号墓葬上方建造的小神龛确实被精心装饰过，在建筑的侧面和背面都绘有多色壁画，这些壁画的颜色为黑色、黄色、红色和粉红色，绘制在奶油色的灰泥上。

128 号墓葬有助于我们了解蒂卡尔处理死者遗体的技术，它不是来自北卫城，而是位于北卫城东南 1.5 公里处的一个大型低矮平台。它位于至少 6 个多世纪后才建造起来的六号神庙的西面。128 号墓葬是在发掘一个房屋台基时发现的，是下一节中描述的单纯陶器堆积之一。这座墓葬没有券顶墓室，但出土了 8 件卡瓦克器物，其中一件非常大，里面有墓主的遗体。这是首次发现的"瓮棺"，其内埋葬了一个成年女性，其头部明显变形，这是古代玛雅人在婴儿期间将其头骨捆绑在头板上而形成的，被认为是美丽的标志。她戴着与 167 号男性墓中发现的手镯相似的贝壳和骨头手镯。随葬物品的相似性如此之强，以至于 167 号和 128 号墓葬被认为是相同时期的。在蒂卡尔发展的这一阶段，又出现了一些随葬女性雕像的墓葬，这表明这一时期女性所扮演的角色比后来古典时期的女性墓主更为重要。古典时期男性王室墓葬的主导地位表明，这一时期的父系血统是正统。166 号、167 号和 128 号墓葬的随葬品表明，在蒂卡尔发展的更多时期，母系关系很可能也发挥了重要作用。

85 号墓葬位于北卫城。这座券顶墓位于卫城南侧的另一座小型神庙建筑下，直接位于对卫城本身至关重要的南北轴线上。在古典时期，这条轴线具有表示地脉的神圣属性。随着时间的推移，因国王的埋入，北卫城的中轴线变得越来越神圣，并不断延伸。这与前面提及的失落世界金字塔群的东西向轴线形成鲜明对比，实际上城市也是通过这条轴线建立起来的。

死亡之窗再一次为我们打开，让我们看到蒂卡尔丧葬习俗中新的可怕细节。第一个被埋葬在神圣轴线上的已知统治者是一位死后被肢解的成年男性。在墓葬中没有发现他的头骨和大腿骨。现在我们知道，这些重要的身体部位偶尔会在王室葬礼上被遗漏。这种情况不仅发生在蒂卡尔，也发生在其他主要遗址，最明显的是远在西部乌苏马辛塔河领域的帕伦克。为什么有时人体的特定部位会被保留下来而不放入墓葬中，这是一个值得思考的问题。这是不是在行动或战争中丢失的部分？还是被敌人作为战利品保留的部分？或者是家族因为某种同样的原因保留了这些部分？无论是否来自敌人或朋友，这种对死者甚至是对死者特定身体部位的尊重都被清楚地表现出来。

在 85 号墓葬中，统治者的遗体被东西（可能是某种织物）捆绑在一起，并以坐姿放置在放满了精美陶器的墓室里。捆绑物中包括一根用于放血仪式的黄貂鱼刺和一个处理过的海菊蛤壳，两者都是从沿海地区进口的。海菊蛤，或称刺牡蛎，是蒂卡尔玛雅人最喜欢的贸易物品，在整个古典时期的窖藏和墓葬中经常发现。有趣的是这种双瓣贝壳在加勒比海和太平洋都有发现。远离这两片海洋的佩滕中部的玛雅人对这两种可以单独识别的品种都有交易。对蒂卡尔来说，附近伯利兹海岸的珊瑚礁是最近的来源。玛雅人喜欢刮掉贝壳上的白色内衬，露出橙红色的底层——这是他们宇宙观中的一种神圣的颜色，是东方的颜色，是重生的颜色，指示着蒂卡尔东部大沼泽的方向，也是遥远的加勒比海的方向，那里也是这些珍贵贝壳最近的来源。

这座墓葬中最有趣的东西是一个小的绿石面具，上面镶嵌着贝壳眼睛和牙齿（图 4-5）。这件精美器物可能是附在包裹上的，用以代替缺失的头骨，让人想起印加文明的木乃伊包裹的形象。这件器物也让人想起随葬在 167 号墓葬（墓主为男性，可能是王室成员）中的小雕像。这种绿石雕像在王室女性的墓葬中还没有发现过。

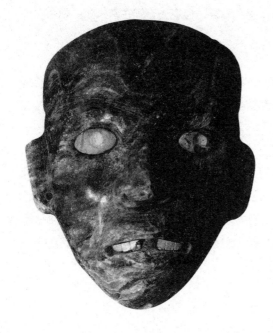

图 4-5 在 85 号墓葬的一件精美随葬品，这是一座前古典晚期卡瓦克阶段的墓葬。这个面具可能被用来替代墓主丢失的头颅。

前古典晚期的陶器：一种艺术形式和时间标记

前古典晚期跨越了蒂卡尔的三个不同的陶器阶段，时间为公元前 350 年至 250 年，前后共 600 年。陶器对于任何遗址的年代学都是非常重要的，它们不仅仅是考古分析的重要材料，也是一种艺术形式，往往具有非凡的美感。陶器是一种造型艺术，由于具有可塑性，它可以快速变化并展示出独特性。每个主要的玛雅遗址都有自己的艺术表达方式，这体现在当地制作的陶器所呈现出的细节里。一座独特的城市所展现的整体风格包含了该城市的工匠所制作容器的形制、器表抛光以及独特的彩绘装饰。前古典时期没有彩绘装饰，但有独特的形状和颜色。例如，艾布陶器组合中类似于夜壶状的宽口陶器在蒂卡尔是很有特色的（见下文）。同样，在卡瓦克陶器组合中，带流的喇叭口陶器和消火栓形陶器也是蒂卡尔风格的一部分。然而，在任何一个遗址发现的所有陶器都不一定是在那里制作的，特别是那些在王室墓葬中随葬的器物。这是真的，原因是：玛雅人之间广泛地进行贸易，而王室的随葬品往往包括来自其他统治者表示敬意的礼物。我们推测，这种用于墓葬的礼物是由城市间的联盟产生的，这种联盟要么是通过婚姻缔结，要么是出于纯粹的政治原因。这种由外人带来的给国王随葬的礼物并不总是能确定是引进的物品，这种情况给准确描述一个特定城市的风格带来了问题。交换礼物的联盟在玛雅历史的后期更为普遍和重要，但毫无疑问在蒂卡尔的前古典时代晚期已经开始发挥作用。

正是由于陶器生产的独特风格的变化使陶器对考古学家如此重要。在整个玛雅地区，陶器的形制和装饰随着时间的推移而变化，这使得每个主要遗址或城市可以按陶器的风格划分为特定阶段。

蒂卡尔前古典阶段晚期的三个陶器组合被称为楚恩（公元前 350—1 年）、卡瓦克（1—150 年）和奇米（150—250 年）。在任何一个特定的遗址中，可以发现的陶器组合的数量将随以下几个因素而变化。已完成的发掘面积与遗址的规模肯定是主要的因素。因为与周围其他地区的互动，遗址的历史颇为复杂，将对自制陶器和外来风格的引进产生影响。

蒂卡尔的楚恩阶段

遗址人口如何随着时间的推移而增长的一个指标，可以从楚恩阶段与之前的特赞克阶段（前古典时期中期）中单纯陶器堆积的发现率的比较中找到。特赞克阶段只有 1 处已知的陶器堆积，而在楚恩阶段有 7 处。它们的出现表明该遗址在山脊，从中心区域向外扩展，但仍在东部大沼泽边缘附近保持着一个村庄的人口。除了预期的北卫城中的堆积外，现在中央卫城南部也有堆积发现，说明此处是贵族阶层居住的地点。在大广场以西、七神庙建筑群（失落世界金字塔附近）与失落世界建筑群之下、大广场以南的一个住宅区以及沼泽边缘的两个地点，也发现了相关堆积。

蒂卡尔的卡瓦克阶段

这一阶段的发展有巨大的进步，与卡瓦克陶器相关的文化因素发生了巨大的变化。形制比以往任何时候都更加多样，而且对蒂卡尔来说相当特殊。上面提到的灭火器形陶器和几种带流陶器都非常有特点。从主要在北卫城的王室墓葬中发现的礼仪性陶器比目前发现的都要大，而且形状复杂，这说明当时有更多的闲暇时间来进行艺术和礼仪方面的创造（图 4-6）。

虽然单纯陶器堆积的实际出现次数比以前的楚恩阶段少，但卡瓦克陶器的数量要多得多，而且分布在遗址的更大范围内。在四处已知的单纯堆积中，有两处在北卫城，一处来自紧邻卫城南侧的北部台地。另外两处堆积的位置很有意思：一个在沼泽边缘，不过是一个新的聚落，与早期在这里发现的聚落无关；一个靠近现在的铭文神庙（六号神庙）的位置，即上文所说的 168 号墓。在六号神庙附近的这个位置形成了一个前古典晚期的中心，表明了这一圣地的仪式起源，这在很久以后会变得非常重要（图 4-7）。位于沼泽边缘的遗址表明，这种特殊的环境对蒂卡尔人来说仍然非常重要，这或许是出于经济原因，比如持续开发沼泽来得到食物，如捕捞水生生物或发展集约化农业 [在这个时代（1—150 年）是可能的]。

图 4-6   卡瓦克时期的一些陶器侧面带流，说明这一时期已有比以往更多的形制和器表处理方式。

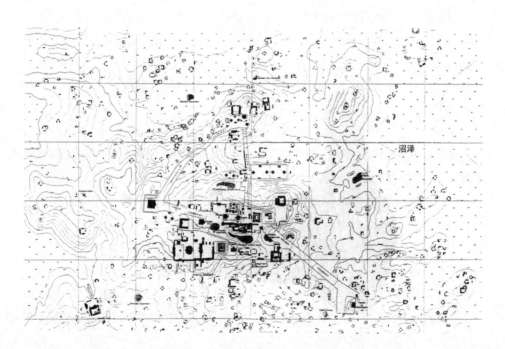

图 4-7   该遗址综合地图上的阴影区显示了大约在 150 年（前古典时期卡瓦克阶段结束时）蒂卡尔的大致范围。

蒂卡尔的奇米阶段

这一时期最后一个陶器组合被称为奇米，出现在是这一时期的最后一个世纪（150—250 年）。单纯陶器堆积只告诉我们，蒂卡尔的人口正在进一步向西扩展，同时仍坚持使用在沼泽边缘的居住区。正如其他地方所描述的那样，这一时期北卫城的营建活动继续展开，建筑和墓葬越来越复杂。

这一阶段有时被称为原始古典时期，其陶器包括起源于玛雅地区东南部的带有哺乳动物的脚的四足盘。[4]

蒂卡尔的前古典晚期见证了该城市的第一次大规模扩张，表现为陶器数量的大幅增加和建筑规模的扩大。门槛已经跨过，伟大的时代已经来临。蒂卡尔不再是一个混合的村庄群，甚至不再是这个时期开始时的大型城镇。相反，它是一个有着不同的居住区、高级仪式和王室墓葬的城市。书面语言是唯一缺失的部分。尽管今天许多学者认为玛雅的书写形式在这个时期已经存在，但蒂卡尔并未发现这一时期的铭文。此时期城市布局呈东西向的细长条形，从一直很重要的东部沼泽地延伸到现在四号神庙所在的地方，这里大概是最终的西部边界。在东部和西部的边界之间，有两个举行高级仪式的地点，分布着两座海拔最高的建筑——北卫城和失落世界金字塔，前者标志着该城市的最长居住历史，后者虽然未发展到最高的状态，但它已经冲破了地平线，成为城市中心王室墓地所在的北卫城的竞争对手。贸易物品已经表明，该城市已经在景观上留下了自己的印记，并开始在城市之间形成互动关系。这种井喷式的扩张预示着未来更大的发展。

第5章　王朝的诞生：古典早期

一些特征赋予前古典时期的蒂卡尔以充满着仪式、死亡、财富和美的城市中心的形象。这些特征在古典时期继续存在并且进一步放大。无论是人口数量（亦即城市规模）、建筑的规模，还是陶器的精致程度都在增加。除此之外，与蒂卡尔同时代的宏伟的高原城市特奥蒂瓦坎的文化也对蒂卡尔的艺术产生了巨大的影响，同时在一定程度上影响了这里的丧葬习俗。

除了规模和艺术表现形式的变化外，还有极为重要的书面文字的出现。在蒂卡尔的故事中第一次有了书面的历史，那就是刻在王室石碑和画在陶器上的象形文字。这些文字在考古记录中出现的时间比较晚，在蒂卡尔最早出现的年份是 292 年 [1]（第 29号石碑，图 5-1），比公认的 250 年的文化转折点晚了近半个世纪。然而，后来有关世系和历史出身的文本被往前追溯，填补了早期的一些空白。书面历史的增加是对蒂卡尔故事的了解中最大的突破。

只是在最近的十年里，考古学家才开始通过文本翻译取得的巨大进展，来了解蒂卡尔王朝系统中复杂的一面。铭文出现在两种不同的材料中：一种是有关历法的材料，涉及对时间的计数，日、月的名称以及玛雅人观察和记录到的其他时间周期；另一种材料包含有关个别统治者及其家庭生活中的大事的叙述性文本。截至目前，蒂卡尔的已知文本仍未全部翻译出来。

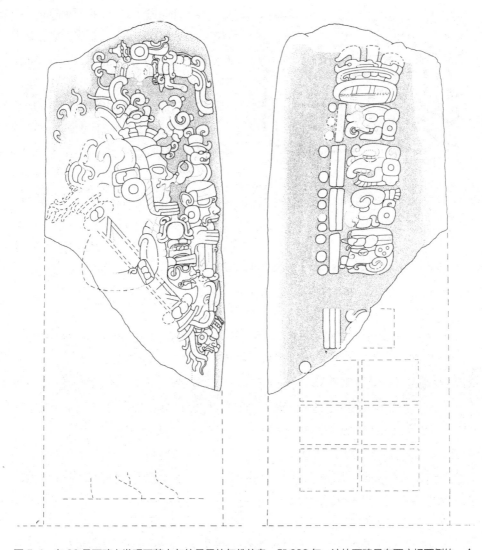

图 5-1　在 29 号石碑上发现了蒂卡尔的最早的年份信息，即 292 年。这块石碑是在西广场西侧的一个垃圾堆中发现的，可能是在蒂卡尔的一次战争中被扔到那里的。

图 5-2　蒂卡尔王朝的开创者名叫亚克斯·查克特·萨克（Yax Ch'actel Xok），这个名字的字符在整个蒂卡尔历史上经常被引用。

这些文本讲述了一个被蒂卡尔后来所有的统治者认可的王朝开创者，尽管这个人显然不是城市的第一任国王，因为他直到 2 世纪才出现，而且可能在 200 年左右，在从城市最早有人定居时算起经历整整一千年之后去世。然而，玛雅人自己把所有后来的统治者都算作是他的继承者。他的名字在玛雅语中读作"Yax Ch'actel Xok"（第一个脚手架·鲨鱼）[2]，而且这个名字在接下来的几个世纪中经常被重复，作为蒂卡尔统治者计数的起点（图 5-2）。对这个人的名字，玛雅字符的另一种解读是"Chaac Xok"。他名字中的"Xok"被一致认为是玛雅语中的"鲨鱼"，这可能是这个词在英语中的由来[3]。

在将近 6 个世纪的时间里，蒂卡尔和其他地方的象形文字告诉我们，蒂卡尔在开创者之后共有 31 位已知的统治者。并非所有的统治者都能通过名字来分辨，人们也不知道这个数字是否代表了开创者之后的所有蒂卡尔统治者。蒂卡尔最早的铭文是在 292 年，而最后一位已知的统治者是在 869 年的铭文中提到的，此后，随着该城市文字记录的消失，再也没有其他的文本保存下来。因此，有记录的历史是 577 年。然而，已知统治者之间的时间跨度是从 200 年到 869 年，共计 669 年。没有已知最早的王朝统治者当时的铭文保留下来，在已知的 31 位统治者中，只有包括开创者在内的 18 位统治者是通过姓名的象形字符了解到的。

蒂卡尔统治者名字的一个重要特征是它们会随着时间的推移而重复出现。这是否基于对早期统治者在其统治期间取得的伟大成就的钦佩，还是基于其他文化选择方式，我们不得而知，也无法从现有证据中确定。象形文字的记录是不完整的，提供了大量关于某些人的信息和少量关于另一些人的信息，而完全没有提供剩下其他人的信息。有人认为，那些立下大功的统治者写下了更多的文字，对他们的生活事件留下了更完整的记录，这些人被他们的后代所尊敬，他们的名字后来被重复使用。然而，蒂卡尔的玛雅人缺乏记录重复使用的名字的次序的方式。没有诸如"乔治一世、二世和三世"之类的用法。我们只能从相关的日期中看出相同的名字是如何相互继承的，这种分析使我们可以将这些名字称为"美洲豹·爪一世、二世、三世"，蒂卡尔的玛雅人自己则没有作这样的区分。

亚克斯·查克特·萨克的时代从 150 年延续到 250 年，属于蒂卡尔的奇米陶器阶段的后期。这是一个城市发生许多变化的时期，受到来自墨西哥高地城市特奥蒂瓦坎的陶器形制和风格的影响，人们也开始关注战争，以及可能使战争更有效的新方法。现在我们发现的证据不仅仅是可怕的埋葬方式，还有在冲突中造成杀伤的新方法，发生在玛雅人对玛雅人，城市对城市之间。来自遥远的特奥蒂瓦坎的影响对蒂卡尔的文化发展轨迹非常重要，值得在此予以关注。关于蒂卡尔和特奥蒂瓦坎之间的关系，已经发现了许多线索。它们表现在蒂卡尔制作的陶器的形制上，最具体的是带盖的圆筒形三足器（图 5–3），这种陶器通常还装饰有源于特奥蒂瓦坎和其他艺术表现形式的图案（图 5–4）。绿色黑曜石只产自特奥蒂瓦坎地区，这表明蒂卡尔与该城市有直接或间接的贸易往来。其艺术、陶器和神话的风格在蒂卡尔被复制，特奥蒂瓦坎人甚至很可能来到蒂卡尔，在那里居住，并可能在马尼克陶器阶段统治过该城市一段时间。另外，一个或多个蒂卡尔的统治者可能到访过特奥蒂瓦坎，并把观念和物品带回。来自特奥蒂瓦坎的影响早在古典早期就已开始，并一直持续到蒂卡尔几个最早的王的统治时期，事实上直到 550 年。

这段时间北卫城有许多未确定墓主的墓葬，很可能其中一个就是开创者的墓葬。最近[4]，克里斯托弗·琼斯提出北卫城的 125 号墓葬可能是开创者的墓葬。这确实是一个奇怪的墓葬，因为墓中没有发现任何相关的殓葬材料，说明尸体是裸体躺在墓中的。在大多数墓葬中，墓主骨骼下都有有机物的痕迹或层理，暗示了已腐烂的服饰或遮盖遗体的动物皮毛的存在。在 125 号墓葬中，没有这种有机物的痕迹。这是一个高大的成年男子，身高 1.7 米（5 英尺 7 英寸）。该墓葬恰好位于北卫城原来神圣的南北轴线上。然而，我们对这座奇怪墓葬的理解由于另一个同时期的遗迹而变得复杂，那个遗迹位于墓室东面约 6 米处。该遗迹中出土了这一时期的王墓中应该发现的各种器物：精美的陶器、贝壳以及骨头（可能是陪葬者的）。这处奇怪的堆积看起来像是被破坏的墓

图 5-3 在古典早期，高原城市特奥蒂瓦坎对蒂卡尔的影响非常强烈。这件带盖的三足器是典型的外来风格，尽管该陶器很可能是在蒂卡尔制作的。

图 5-4 32 号石碑展示了一张纯正的特奥蒂瓦坎面孔，是高原雨神特拉洛克（Tlaloc）的形象。它在蒂卡尔石刻上的出现，表明了外来影响的力量。

葬，其中的墓葬随葬品与墓主分开堆放。可以推断，这两处分隔开来的堆积，一处是人，另一处是随葬品，都属于同一个人，可能就是蒂卡尔伟大王朝的开创者。这两处堆积之间的联系是，它们的位置正好标志着北卫城的旧轴线和新轴线。那座没有发现墓主骨骼的奇特墓葬被安置在一条新的轴线上，标志着北卫城向东的扩张。这条新的轴线在整个古典时期建筑群中被一直沿用下来。没有进一步的横向扩展导致中轴线位置的改变。一个可以接受的解释是，新的轴线是由王朝开创者自己确立的，他的墓葬也是以这种方式划分的，他的骨骼标志着旧轴线，他的墓葬随葬品则标志着新轴线。

在该地首次有人定居一千年后，开创者亚克斯·查克特·萨克建立了一个王朝。蒂卡尔的玛雅人似乎已经意识到了这种区别。在蒂卡尔，有几个铭文因对该遗址历史的重要性而闻名，其中包括铭文神庙（六号神庙）冠状屋脊背面很长的铭文，这是一个杰出的历史文本，记录了直到其雕刻时（约790年）蒂卡尔的历史。这段"历史"将读者带回到开创者之前，回到了该遗址首次有人定居的时代。正是这种出色的描述告诉我们，蒂卡尔自己的历史学家知道开创者（founder）和开创（founding）之间的区别。

已知的统治者

被装饰过的美洲豹（Foliated Jaguar）[胡纳尔·巴拉姆（Hunal Balam）]

在讨论蒂卡尔的任何一位统治者时，都必须考虑到其名字的识别问题。正确的识别取决于当前对已知文本翻译的水平。大多数这样的翻译仍然是试探性的，因此，在20世纪90年代末，不可能对所有已知统治者的名字给出与玛雅人的阅读方式始终相符的英文翻译。虽然这种不一致可能会给读者带来一些不便，但这也正是在进行中的玛雅考古学研究的乐趣所在。 文献中经常发现的英文描述性名称是基于对某些字符外貌而主观赋予的"绰号"。通常情况下，在进行更多的研究后，这种绰号就会被抛弃并给出真正的翻译。此外，目前的翻译状况是，学者可能能够自信地将表意文字转换为玛雅单词或短语，但无法进一步将玛雅短语翻译成英语。这是因为我们对古代玛雅口语了解有限，而这是转换为字符的基础。当我们试图扭转这一局面时，遇到了理解上的障碍。古代口语是乔尔蒂语（Cholti），这种语言现在已经灭绝，且在殖民时代没有被记录下来。鉴于这些限制，蒂卡尔国王的名字必须以三种不同的方式呈现：英文描述性短语，只说明字符的样子（而且可能是错误的）；真正的（或试验性的）玛雅翻译；以及最好的一种方式，即将真正的玛雅翻译再译成英文。最后一种方法只适用于少数几个有记录的蒂卡尔国王。[5]

这个问题立即出现在下一个已知的国王身上。这里必须强调"已知"一词，因为被装饰过的美洲豹（胡纳尔·巴拉姆）肯定不是紧接着开创者之后的下一任国王，而是迄今已知的下一任国王的名字。从现有的时间跨度来看，可能是第6或第7个。31号石碑上提到了胡纳尔·巴拉姆，这是迄今为止蒂卡尔发现的最重要的文本之一。它的雕刻年代大约是445年[6]，但它提到了年代更早的统治者。不幸的是，在31号石碑上，胡纳尔·巴拉姆的名字字符已经失去了相关的日期（图5–5）。对这个名字字符的解释有多

图 5-5　被"装饰过的美洲豹"或"胡纳尔·巴拉姆"是在开创者之后发现的最早的蒂卡尔国王的名字。

种，如这里使用的"被装饰过的美洲豹"（Foliated Jaguar），以及"带涡卷纹装饰的美洲豹"（Scroll Jaguar）。彼得·马修斯提出 [7]，同样的名字字符出现在 29 号石碑 [8]（蒂卡尔最早的纪念碑，日期为 292 年）上的统治者手中所持的物品上，该纪念碑确实可能描绘了胡纳尔·巴拉姆本人。纪念碑上现存的文本没有告诉我们所显示人物可能是开创者之后的哪一个任国王，使我们无法获得任何进一步的识别线索。

零·月·鸟（Zero Moon Bird）[9]

有关蒂卡尔的大部分书面记录来自蒂卡尔之外，来自其他城市，这些城市记录了他们与蒂卡尔城的统治者的互动。在古典时期的动荡初期，即 4 世纪初，出现了一件被称为"莱顿圆牌"的器物，这是在蒂卡尔城外发现的雕刻玉板，后来在欧洲的莱顿市出现。它的两面都有刻划：一面雕刻有统治者的图像，带有蒂卡尔同时期的艺术风格；另一面是关于城市的铭文，指出名为"零·月·鸟"的统治者在 320 年即位。由于这个日期与蒂卡尔 31 号石碑上记载的名为"美洲豹·爪"（Jaguar Claw）的国王的日期相冲突，因此必须允许两种可能的解释。第一种解释：零·月·鸟是蒂卡尔的一个统治者，处于两个统治者之间，都叫"美洲豹·爪"。第二种解释：零·月·鸟是蒂卡尔附近地区的或蒂卡尔的一个附属"统治者"，履行与美洲豹·爪不同的统治职能。如果第一种解释是真实的，那么他在 300 年就已经开始统治了。蒂卡尔的玛雅文字告诉我们，在同一时间存在着不同层次的统治者。仅仅这一事实就是该城市社会政治结构的一个引人入胜的方面。在蒂卡尔后来的故事中，对这些领导级别的差异也有提及，但在这里它第一次展现出"谁在统治"以及"在何种程度上统治"在解释上的重要性。所记录的事实可能意味着，在已知的蒂卡尔象形文字记录中只提到过两次的零·月·鸟，实际上曾在美洲豹·爪一世年幼时担任摄政。他应该曾是蒂卡尔的第 7 或第 8 任国王。另一种可能性是，他是来自其他城市的重要贵族，在这个时候效忠于蒂卡尔。除了莱顿圆牌上提到的零·月·鸟之外，还有一个参考资料来自蒂卡尔的 13 号祭坛。这是一个与 29 号石碑共存的雕刻祭坛的残片。第 29 号石碑是蒂卡尔已知最早的石碑，它提到了统治者胡纳尔·巴拉姆。它们显示出几乎相同的雕塑风格，而且祭坛的艺术设计可见一个字符，与"零·月·鸟"源自父名的字符相同。所有这些信息都表明，零·月·鸟生活在蒂卡尔，并在某种程度上成为被装饰过的美洲豹和美洲豹·爪一世统治之间的桥梁。[10]

美洲豹·爪一世（Jaguar Claw I）[查克·托克·艾哈克一世（Chak Toh Ich'ak I）][11]

美洲豹·爪一世是蒂卡尔的少数几位年代和身份可以从 31 号石碑（图 5-6 和 5-7）的长篇幅文本中得知的统治者。这篇碑文包含了对蒂卡尔王朝历史早期相关历史事件的最详细描述，有助于重建古典时期早期的历史，这一时期几乎没有其他石碑。幸运的是，玛雅人偶尔也会提到他们自己的更古老的历史。从这些罕见的文本中可以看出，在开创者之后，王朝的前 10 位统治者都有一定的身份。尽管这些文字有错误和大量缺漏，但它们是我们迄今为止所拥有的全部线索。从 31 号石碑的文本中，我们遇到了第一个困难，即如何确定在 61 年的时间里有

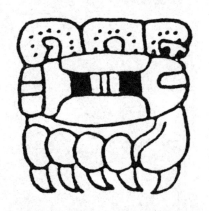

图 5-6　因为功绩显赫，美洲豹·爪一世也被称为美洲豹·爪大帝。他的名字字符经常出现在蒂卡尔的文本中。

多少位统治者被命名为"美洲豹·爪"；所记录的事件并没有明确说明到底是有一位还是同名的两位统治者。在此我们假设只有一位统治者，名为美洲豹·爪一世。

随着彼此相邻的城市中心为争夺霸主地位而斗争，事态发展迅速。对于蒂卡尔来说，竞争对手是北部距离仅 18 公里的瓦夏克吞。蒂卡尔与其最近的邻居瓦夏克吞的关系仍然是一个有趣的谜团，这两座城市之间的紧张关系在 4 世纪上半叶被称为"美洲豹·爪"的国王统治期间达到了顶峰。与这个人名相关的两个年份是 317 年和 378 年。虽然中间有 61 年的间隔，但它们指向同一个统治者的可能性是有的，不过这无法证明。可以确认的是，他是蒂卡尔的第 9 位统治者。目前，由于他的功绩和统治时长，

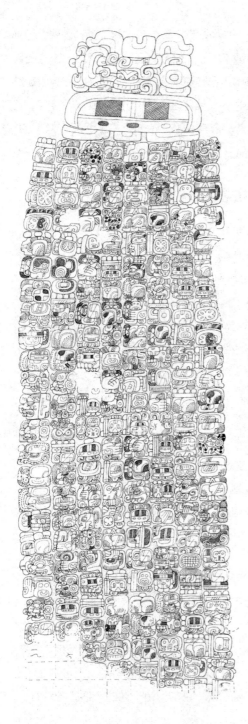

图 5-7　刻在 31 号石碑背面的文字是迄今为止在蒂卡尔发现的最丰富的历史记录之一。这块石碑发现于北平台地的 5D-33-2 号神庙下，并非其原生位置，而是后来重新摆放在那里的。

人们常常称他为"美洲豹·爪大帝"[12]。直到最近为止[13]，378年1月对瓦夏克吞的征服还被认为与他在蒂卡尔的统治有关，尽管具体完成这件事迹的勇士被称为卡克·西亚（K'ak'Sih）或"火生"（Fire-Born）。完成征服的日期与美洲豹·爪一世在31号石碑上的死亡日期是同一年。征服战役与美洲豹·爪一世的死亡之间是否有联系不得而知，因为火生获得了荣誉，并且显然从此开始了对瓦夏克吞的统治。火生被认为是来自"西方"的战士，可能来自特奥蒂瓦坎，而美洲豹·爪一世在同一天的死亡也很重要。随后对瓦夏克吞的"征服"（如果真的是这样的话）是在这位外国武士的主导下进行的，下文将详细介绍他。

王室居住和防御系统

4世纪蒂卡尔的王室生活以大广场为中心。北卫城有许多神庙，是城市的"宇宙中心"（图5-8和图5-9），是国王的葬身之地。它的南北轴线可能被4世纪的玛雅人视为其世界之轴。在面向北卫城的大广场的南侧是另一处卫城，是由宫殿和行政建筑组成的建筑群，称为中央卫城。到8世纪，这个建筑群占地4英亩（约1.6万平方米）。在前古典时期，我们知道在这个地区有零星的住宅建筑，但没有形成紧密相连的建筑群。早在4世纪，这个地区已经出现了一个宫殿群，这些宫殿并不完全是住宅，不只是贵族阶层的住宅，当然更不是蒂卡尔唯一的贵族居住区。这时，蒂卡尔的宫殿已经演变成具有复杂功能的建筑。[14]其中一些是家庭住所，而另一些则仅有仪式和行政用途，如客栈、接待所和审判所。如果户主是宫廷的王室成员，那么即使是那些作为家庭住所建造的宫殿也会有其他用途。那样的情况下，他的房子也必须具有行政管理的功能，这种王室建筑很可能也有专门用于宗教功能的房间，类似于我们的王室小教堂。在所有已知的古典早期的宫殿中，那些直接面向大广场的宫殿并不是住宅，而是为仪式服务的，就如同这南侧的大广场本身一样。再往东，在中央卫城，在大广场的空间之外，玛雅人建造了其他的宫殿用于居住。虽然整个建筑群的庭院与面对大广场的那些仪式性宫殿融为一体，但住宅宫殿在地理上都位于广场本身的东部和东广场的南部。中央卫城在数个世纪以来都是高级王室的所在地，但不是蒂卡尔唯一的社会政治权力和财富的聚集地。

　　回顾公元前 800 年即将成为蒂卡尔城的地方，我们注意到，该地的聚落是一系列分散的小型村庄。这种分散定居的特性在蒂卡尔的历史上一直存在，并在 4 世纪古典开始阶段仍然如此。贵族家庭的住所并不只存在于中央卫城靠近大广场宇宙中心的地

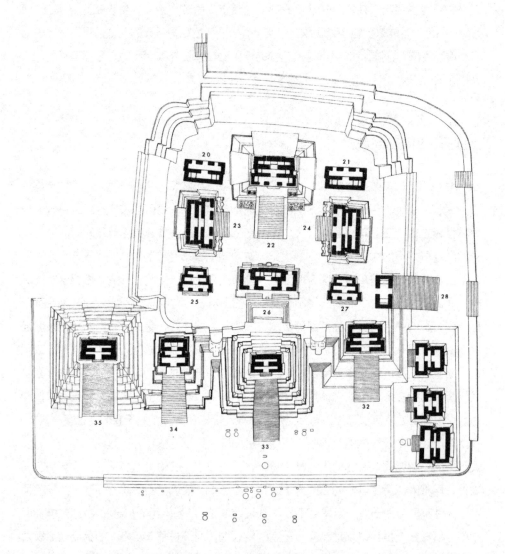

图 5-8　北卫城和北平台地的地图显示出了神庙建筑的复杂程度。后者构成了一个抽象的组团在古典晚期的最后阶段的神圣中轴。

图 5-9 从二号神庙看去，北平台地边缘的神庙似乎掩盖了它们在北卫城对应的早期建筑。

方。相反，它们有意识地进行了分散，或者以贵族权力去中心化的方式存在于城市周边地区。更多的"郊区"宫殿群应当发挥了礼仪和行政功能，以及像靠近城市中心的那些宫殿一样的富裕家庭住宅的功能。分散管理本身可能是一种内部控制的策略，而不是对外部攻击的一种防御。不过这种攻击是生活的一部分，也会对蒂卡尔的聚落产生影响。

不仅是蒂卡尔的文字，还有大量的其他佩滕遗址的文字确切表明，战争是古典早期生活的一个突出特点。在政治上，像蒂卡尔这样规模的城市必须关注两种不同形式的攻击：一种是来自内部的攻击，表现在对分散在城市边界周围的以贵族为代表的人群的控制；另一种是来自外部的侵略，表现在遗址内越来越多的巧妙的防御措施，以及此时出现在城市南北两侧的非常明显的防御性城墙或壕沟。

除了城市聚落模式外，战争的兴起还对 4 世纪的玛雅人产生了其他影响。一个同盟和敌对的系统已经形成。蒂卡尔与远近邻国的关系是脆弱的、易变的。一个国王的盟友可以迅速转变为下一个国王的敌人，甚至同一个国王的敌人。至于产生冲突的原因，一种解释是蒂卡尔的战略位置和对贸易路线的控制。在古典早期的早段，正在酝酿的麻烦还只有一些苗头。到了古典早期末，具体细节变得更加清晰，那是冲突达到了一个高潮，预示着进入古典晚期的重大文化转变。如今战争在文化转变中发挥了重要作用，这是毋庸置疑的。[15]

美洲豹·爪的神圣家族建筑

在中央卫城的东端，有一个非常特殊的建筑，它有着不平凡的历史。这个建筑现在被称为 5D-46 号建筑，但当它在 350 年左右或更早建成时，它是美洲豹·爪的家族建筑，它的名字代表着一个血统和王朝，一直延续到蒂卡尔的灭亡。这个王朝在这几个世纪里并非一帆风顺，正是这个非凡家族的起起落落讲述了蒂卡尔的故事。5D-46 号建筑仿佛代表了这个家族的命运，与当时的其他贵族家族不同，它一直延续到了现在。

这座建筑是美洲豹·爪大帝所建，是中央卫城内为数不多的被确认为家庭住宅的建筑之一。此外，它也是蒂卡尔中部唯一没有拆除并被后来的建筑所覆盖的古典早期住宅。这种对该建筑的明显敬畏不仅限于城市的王朝居民，在城市被击败和统治的时期敌人也怀有这种敬意。这座建筑被认为是如此神圣，对城市如此重要，以至于除了随着时间的推移进行修补和装饰以外没有人敢碰它。当然，修补和装饰确实是发生过的。即使在发掘时，根据我自己的发掘分析，该建筑的各种特征也表明它可能是一座家庭住宅。我们通过一个非常罕见的案例才证实了这一学术解释。在原建筑的仪式楼梯下发现了一处窖藏，后来证实了这个建筑的功能和圣洁性。窖藏被埋在西边的楼梯下面——死亡的方向——西面通常不会设置专门用于生活区的门道。这是一个宽而高的楼梯，类似于神庙的楼梯。其内出土的器物包括一个经雕刻和抛光的特殊黑色陶容器，一个带盖的圆筒形陶器。在陶器盖周围有一处雕刻的铭文。文字显示，这是名为美洲豹·爪的阿豪的房子，这位阿豪是自开创者亚克斯·查克特·萨克以来的第 9 位统治者（图 5-10 和图 5-11）。琳达·舒勒（Linda Schele）和大卫·弗莱德尔（David Freidel）的工作对于重新研究和理解美洲豹·爪一世统治时期蒂卡尔和瓦夏克吞之间的关系具有

图 5-10　这个抛光的黑色刻纹盛储器是 1965 年在 5D-46 号建筑的西面楼梯下出土的。上面的文字直到出土 20 年后才被翻译出来。

开创性意义。在 1965 年发掘出土之后约 20 年，舒勒翻译这件陶器上的文字，证实了我的假设，即这确实是一座王室住宅。

这座建筑最开始时在底层有 7 个房间，东西方向相同，每边有 3 个门洞。位于中部靠西边的房间由大楼梯上去，供奉的窖藏及带铭文的陶器即位于该楼梯下。中部房间没有内部通道通往建筑中的任何其他住宅房间，可能是作为家庭神龛使用。这样，家庭就可以通过一个东西不连通的神圣房间得到保护，免受来自开放的西部通道的任何恶意影响。

随着时间的推移，宫殿的规模越来越大，性质也发生了变化。地层证据显示，该建筑的第二层及其内部楼梯在蒂卡尔是独一无二的，虽是在稍晚的时候扩建的，但仍符合古典早期的建筑传统。第二层建筑可能是在 4 世纪末，甚至是在 5 世纪建造的。更晚的时候，可能是在 8 世纪末，也可能是在蒂卡尔的第 29 位统治者在位时期，对主建筑进行了大规模扩建。其中包括在南北两端加高露台（patio），其周围是住宅房间，可能是为了供扩大的王室家族居住。这时，建筑的方向已经发生了很大的变化，从外面进入西侧的通道已经受到限制。在进行扩建之时，这座房子已经有 400 多年的历史了。新建的露台和住宅房间只能从宫殿的东侧进入，现在完全被一处私人庭院所包围。换句话说，作为美洲豹·爪王朝神圣的家族建筑或世袭的房子，这个建筑连续使用了

图 5-11　5D-46 号建筑的献词陶器上的刻纹和文字最终由琳达·舒勒在 1985 年翻译出来，她指出这件器物证明该建筑是美洲豹·爪一世的居址。

400 多年，在此期间，它没有遭受任何已知的破坏。从蒂卡尔历史的书面文本中可以了解到，在近半世纪的时间里，曾发生过一些入侵者甚至征服者控制城市的情况，往往使公共和神圣的建筑、纪念碑遭到破坏。然而，这个特殊的建筑拥有如此神圣的光环，甚至连闯入者都不敢伤害它。这些闯入者也作为开创者的合法继承人加入了蒂卡尔国王的行列。因此，他们也不得不珍视他们最伟大的祖先之一的房子。

蒂卡尔的王室头衔的意义

蒂卡尔使用的王室头衔是城市历史和社会结构的一个重要组成部分。每个头衔都由一个已知的象形文字来代表。查克特（chacte）或卡隆特（kalomte）是该遗址使用的最高等级的头衔，可能与欧洲人对"皇帝"的理解相当。它表示最高级别的领导人，其领地大于像蒂卡尔这样的单一城市，并包括受到这样一个大城市支配的在其边界以外的地区。例如，附近的城市瓦夏克吞在历史上一度被蒂卡尔所统治，它被包括在卡隆特的领土之内。

接下来的级别是阿豪，直译为"领主"，象征着一个领导者，其领地可能包括整个城市，也可能只是像蒂卡尔这样的大城市的一部分。在蒂卡尔，可以有多个阿豪同时任职，但只能有一个卡隆特。证据表明，这个头衔在蒂卡尔的重要性和意义随着时间的推移而改变。最初，它是指最高统治者、领导者或国王，但随着城市本身的发展，它的含义越来越像一个王国，这就需要一个更高的头衔，因此出现了"查克特"或"卡隆特"的新用法。该城市最早的领导人头衔是"阿豪"，其含义显然是"蒂卡尔的国王或领主"。在古典时期早期（250—550年），这一概念发生了变化，"阿豪"表示较低的等级，或表示效忠于蒂卡尔在位的卡隆特的领导者。

巴特布（batab）是玛雅人使用的另一个头衔，但在蒂卡尔这一职位的活跃程度可能低于其他城市。在蒂卡尔和其他地方的象形文字中，都提到了蒂卡尔与其他城市的巴特布的外交关系。同样，萨哈（sahal）是一个公认的表示高等级贵族的头衔，尽管这个头衔在蒂卡尔也被使用，但它在蒂卡尔以外的地方更常用。属国王"动物头骨"所有的一个碗上（见下文）提到了这个称号。

在美洲豹·爪一世统治时期，总是有两个官员共同统治，即卡隆特和阿豪。当卡隆特死后，在位的阿豪通常会继承他的头衔，而另一位领主，也就是下一任领主，会升到阿豪的位置。因此，我们发现在这里描述的那些已知的、有名字的个人历史中，经常有这种继承次序的记录，但并不总是如此。

"火生"［卡克·西亚（K'ak' Sih）］

正如胡纳尔·巴拉姆在蒂卡尔早期的世系和政治中是一个神秘人物一样，另一个人物也很神秘，最初被称为"吸烟的青蛙"（Smoking Frog，来自与他的名字对应的象形文字，图5-12），但现在被称为"火生"，在美洲豹·爪一世统治期间的蒂卡尔发挥了作用，并与该城市下一个有记载的统治者"第一鳄鱼"（First Crocodile）共存过，其档案资料如下。我们对这个神秘人物（火生）的了解可能一直很少，但在1983年，胡安·佩德罗·拉波特的工人从失落世界建筑群的废墟中发现

图5-12 蒂卡尔古典早期历史中最神秘的人物之一火生，多年来被称为"吸烟的青蛙"。与他的名字对应的象形文字在该遗址的几个不同场景中出现。

了一件非凡的物品。尽管特奥蒂瓦坎的强烈影响在蒂卡尔早已被认可，但拉波特发现了第一件纯特奥蒂瓦坎风格的雕像。铭刻在上面的文字让人们对"火生"所扮演的角色有了一些不同的理解。他是一个强大的战士，与蒂卡尔和瓦夏克吞之间的互动直接相关，人们认为这是蒂卡尔的一次征服事件，由火生在 378 年完成。斯图尔特做出的最新解释（见上文）说，被称为"第一鳄鱼"的蒂卡尔统治者是在火生的陪同下"抵达"（正如文本中委婉的说法）蒂卡尔的。文中提到了一个不属于蒂卡尔的更高等级的人物，名字叫"投矛器·猫头鹰"（Spearthrower Owl），他是特奥蒂瓦坎的统治者，他把他的儿子（第一鳄鱼）送到了蒂卡尔。这对来自西方的父子来到蒂卡尔是预料之中的，并且与在位的美洲豹·爪大帝的死亡相吻合。在 402 年的 31 号石碑上记录了火生的死亡，他显然是留在了蒂卡尔地区。美洲豹·爪一世已经在 378 年去世（31 号石碑），而第二年，即 379 年，是他的继任者上台的年份。卡隆特和阿豪的区别又一次得到体现。火生是一个高级卡隆特，但他的领地范围不详，只知道包括蒂卡尔在内。

拉波特在失落世界金字塔南面的 6C–XVI 号建筑群中发现了一件非同寻常的物品，这使得火生在蒂卡尔的历史上变得更加重要。该建筑群被证明是一处被掩埋的古典早期的宫殿和礼仪建筑群，其中一个建筑出土了一个现在被称为"标记"的物体。这是一个带装饰的石柱，根据特奥蒂瓦坎的相关发现可知，它是球场的标志（图 5–13）。石

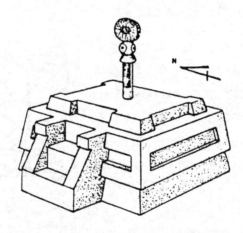

图 5-13　这幅在拉波特的发掘中出土的"标记"（marcador）或球场标志的图画重现了该器物在其原始建筑环境中的样子。

柱上的铭文两次提到火生，与他对瓦
夏克吞的行动有关。上部凸缘一侧装
饰了特奥蒂瓦坎著名的雨神特拉洛克
的形象。背面是一只有胡子的猫头鹰，
上面画着一个人，其左手拿着作为战
争工具的投矛器（图5-14）。在蒂卡
尔没有发现其他的这类球场标志，人
们认为这件器物证明了在蒂卡尔与瓦
夏克吞发生冲突时，可能是作为战士
和卡隆特的火生将新的作战方法引入
了蒂卡尔。

图5-14 被称为"投矛器·猫头鹰"的人现在被认
为是蒂卡尔第10位国王的父亲，他似乎从未到过
这个城市。他的名字字符出现在很多地方。

一个转折点

到370年古典早期中段，蒂卡尔的文化和家族血统的基础已经确定。然而，还有
更多的变化和来自特奥蒂瓦坎的影响尚未开始。以大广场及其周边地区为中心的分散
的权力基地和强大的控制中心的概念已经形成。蒂卡尔已经成为其自身艺术风格交流
和传播的中心。一个在前古典时期并不突出的新元素出现了。这就是战争，而蒂卡尔
成为战争的中心。

变化，以及更糟糕的事情，正在到来。

第6章　变革与挑战：古典早期的终结

第一鳄鱼（亚克斯·艾因一世）

　　被称为"第一鳄鱼"的统治者的继任给蒂卡尔带来了进一步的变化（图6-1）。不仅来自特奥蒂瓦坎的影响增加了，而且在这一点上，实际的世系也很可能发生了变化。在这位统治者出现之前，掌权的是"美洲豹·爪"的世系，这个世系将在未来重新出现。此外，"第一鳄鱼"可能甚至有较大可能性是来自墨西哥高原的贵族。一些学者认为他来自特奥蒂瓦坎。[1] 为了和平地加入富有和强大的蒂卡尔的领导层，他很可能通过联姻的方式加入了统治者的家族。目前，从考古学和文字证

图6-1　亚克斯·艾因一世的名字对应的象形文字非常重要，因为他可能是一个从高原来统治蒂卡尔的外来者。它被翻译为"第一鳄鱼"，他的墓葬（10号墓）随葬了一副鳄鱼的骨架。

据中获得的知识还不能准确地说明为何外来者能获得城市的统治权。

　　在蒂卡尔的研究过程中，第一鳄鱼被赋予多个名字。他以前被称为"卷鼻"（Curl Nose 或 Curl Snout），他的名字字符的形象直到最近才被认为是鳄鱼头。他是继"美洲豹·爪一世"之后的第二个真正的继任者，他在379年成为蒂卡尔的阿豪，是继开创者之后的第10位统治者。跟之前一样，我们对他生活的了解主要来自于他去世后的纪念活动和碑文。他的墓葬随葬品不仅具有启发性，而且是该城市最好的艺术作品之一。在玛雅语中，他的名字是亚克斯·艾因。在玛雅语中，"ain"这个词的意思是"鳄鱼"。

在第一鳄鱼担任蒂卡尔的阿豪后 23 年，即 402 年，蒂卡尔的领导者（卡隆特）火生去世。然后第一鳄鱼就坐上了最高统治者的位置。第一鳄鱼在 420 年的死亡记录在 5 号石碑上，该石碑的出土地点不是在蒂卡尔而是在一个效忠于蒂卡尔的埃尔萨波特（El Zapote）遗址。此时，阿豪和卡隆特的区别在蒂卡尔已经明确了。这两个职位的文献资料都在 31 号石碑的综合性铭文中，这是蒂卡尔已知的两个主要历史记录之一。[2]

美洲鳄（Crocodylus acutus）直到 20 世纪 80 年代末还生活在危地马拉，当时有一只鳄鱼被杀死在蒂卡尔的驻地水坑中。现在人们知道，它们在佩滕地区的分布相当广泛。在古代，蒂卡尔周围的沼泽地中缓慢流动的水是这种肉食性、会吃人的动物的完美栖息地。作为玛雅人的动物之灵，鳄鱼的力量一定可以与美洲豹相媲美，一个是水之灵，另一个是森林之灵。

亚克斯·艾因一世（第一鳄鱼）确实是蒂卡尔第一个拥有如此有辨识度的名字的已知统治者，但绝不是最后一个，他对蒂卡尔的影响是巨大的。柯金斯[3]认为，他可能不是本地人，他可能是通过危地马拉高地的卡米纳留尤（Kaminaljuyu）遗址来到蒂卡尔的，在这个时期，卡米纳留尤与墨西哥的特奥蒂瓦坎文明关系密切。还有人认为他可能是作为一名常驻外交官直接从特奥蒂瓦坎派来的。无论如何，他从特奥蒂瓦坎带来的影响在建筑、陶器风格和装饰方面表现得很明显，他的墓葬随葬品就是最好的例证。这座墓葬被称为 10 号墓（图 6-2），是在面向北卫城的北平台地 5D-34 号神庙下面发现的。我很幸运地在 1959 年参与了这座非凡的墓葬的发掘。[4] 我们现在知道，这座墓葬是独一无二的，因为许多随葬品都具有异域色彩，受到遥远的墨西哥城市特奥蒂瓦坎的影响，或直接从那里带来。墓葬上方的神庙是第一鳄鱼的纪念性神庙，一直到蒂卡尔被遗弃之前都保存完好。

尽管特奥蒂瓦坎对第一鳄鱼墓中的艺术产生了影响，但这些作品在性质和表现形式上仍然是玛雅的。就像埃及小国王图坦卡蒙的墓葬一样，亚克斯·艾因一世的墓葬里有"极好的东西"。但亚克斯·艾因一世在蒂卡尔并不是一个小国王。他的角色决定了该城市未来几十年的观念、艺术和战争的方向。

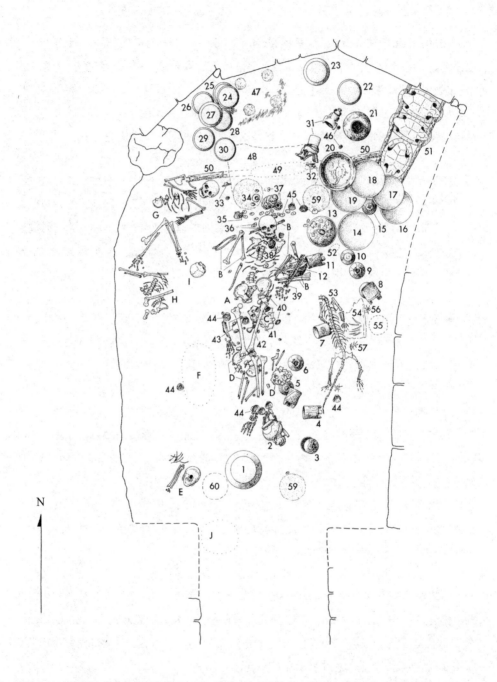

图 6-2　10 号墓的墓主是亚克斯·艾因一世，该墓出土了许多具有强烈特奥蒂瓦坎风格的器物，在众多的随葬品中有一个以鳄鱼骨架形式出现的领主名字。

在 10 号墓的随葬品中有一些有趣的东西，包括三件龟甲和一副无头鳄鱼的骨架。后者无疑是墓主人名字的象征，但这只死掉的鳄鱼没有头的原因，我们却只能猜测。鸟类陪葬的证据首次出现在蒂卡尔——与第一鳄鱼的骨骼一起出现的还有侏儒猫头鹰、绿松鸦和蚁鴷。柯金斯认为，在更古老的美洲豹皮和蛇形图案的装饰中加入鸟类及鸟羽，是受到特奥蒂瓦坎的影响，那里的羽毛和鸟类在艺术象征中非常突出。具有讽刺意味的是，虽然特奥蒂瓦坎人不得不从玛雅低地进口鸟类羽毛，但玛雅人自己却很少注意这些羽毛的使用，直到他们的文化受到特奥蒂瓦坎习俗的影响，这一点在第一鳄鱼的墓中是显而易见的。

随葬品中还有黄貂鱼刺和海菊蛤壳，是从玛雅海岸进口的祭祀用品。同样令人感兴趣的是一件玉石饰品，它描绘的是亚克斯·艾因名字的一部分——同样风格化的鳄鱼头。这样的物品让人想起在更早期男性王室墓葬中发现的类似绿石雕刻，这显然是蒂卡尔的一种习俗。

墓葬中的三件仿真陶器因其图像和可能的历史而颇为引人注目。所谓的"老年神"神像分为两部分，描绘了神灵坐在一个由人骨组成的三脚架上，伸出的双手握着一个人头。人头的形象细节中可以看到地下太阳神或夜间美洲豹的影子（图 6-3）。

第二件仿真容器是用精细的黏土制成的，有一个桥形流，上面涂有灰泥。这个人物代表了一只鸟与海螺壳的奇妙结合（图 6-4）。这件非凡的作品曾多次被涂上灰泥，每次都被重新上色。柯金斯认为，这可能是第一鳄鱼从危地马拉高原的卡米纳留尤甚至从特奥蒂瓦坎本身带到蒂卡尔的传家宝。在特奥蒂瓦坎的特蒂拉区（Tetitla），鸟类和海螺壳的图像很常见，鸟嘴里叼着的标签式的片状物显然代表了表示歌声的涡卷（speech scroll），也可能同时表示海螺号的声音。鸟的一个翅膀变成了海螺壳喇叭。玛雅文化非常欣赏这种视觉和声音在视觉双关中的感性融合，即使该作品源自其他文明。也许正是这种价值观的交汇，使得特奥蒂瓦坎的丰富图像对玛雅人如此具有吸引力。这些元素表明，在蒂卡尔历史上的这个特殊时期，与墨西哥高地之间存在着强有力的（也许是直接的）贸易联盟。墓葬随葬品中还包括与这个了不起的仿真容器中的鸟与贝壳图像相类似的蒂卡尔本地的贝壳和羽毛。

图6-3　10号墓葬中出土的一件独特的复合陶器，被称为老年神，可能表现了太阳神在夜间的形象。

图6-4　这件复杂的雕像表现了鹦鹉变成海螺壳的景象，鹦鹉的嘴里衔着象征歌声的东西。这件作品可能源自特奥蒂瓦坎，并作为亚克斯·艾因一世个人财富的一部分进口而来。

墓葬中的第三件重要器物是一件黑陶三足器，其器盖的手柄上刻有一个"跳水的神"（diving god）的形象。尽管三足器的形制起源于特奥蒂瓦坎，但其图像观念的设计却属于玛雅风格。特别有趣的是，跳水的神的腿部和臀部有可可豆荚状的凸起，这种显然在这个时期已经受到重视的作物在后来的玛雅经济中非常重要。

陶器的处理、绘画风格和灰泥底的存在显示了特奥蒂瓦坎最直接的影响。墓葬中出现的雨神面孔和图案可能是直接从高原城市的壁画中复制过来的（图6-5）。这种脆弱的表面处理遗存能经历几个世纪而保存下来，非常难得。

另一件有助于我们理解这一过渡时期的重要器物来自于当时的大量陶器堆积，看

图 6-5　10 号墓中的一个彩绘陶器盖展现了一种纯粹的特奥蒂瓦坎艺术风格。

起来很像被重新安置过的墓葬随葬品。在这些奇怪的堆积中，最突出的器物是一件带有刻划场景的完整黑陶三足器（图 6-6）。该图景描绘了一个站在宫殿平台上的王室成员，其细节表明他是玛雅人。他正在接待一支由 6 个人组成的队伍，他们的服装显然来自墨西哥高原，环境是玛雅和墨西哥建筑的结合。这些明显很友好的墨西哥人所携带的武器、长矛和投矛器被认为是在给玛雅人带来高原作战技术。尽管如此，这个场景确实代表了当时在蒂卡尔发生的事情。蒂卡尔的玛雅人以友好的方式接待了这个代表外来文化的队伍。亚克斯·艾因一世本人可能就是这些人中的一员。虽然不能直接确定下葬的日期，但肯定是在他 41 年的统治时间内。如前所述，我们从埃尔萨波特的 5 号石碑得知亚克斯·艾因一世（第一鳄鱼）死于 420 年，借此得知其墓葬的年代。

图 6-6　古典早期的最具启发性的艺术品之一，显示了特奥蒂瓦坎人带着新的作战武器——投矛器抵达蒂卡尔。

暴风雨天空（Stormy Sky）[西亚·产·卡威尔（Siyah Chan K'awil）]

图6-7　暴风雨天空，又译作西亚·产·卡威尔，被认为是亚克斯·艾因一世之子。他是蒂卡尔的第11任统治者。

下一任统治者，即自开创者以来的第 11 任统治者，被称为"暴风雨天空"（图 6-7）。这个名字描述了他的父名字符，显示了被闪电撕裂的天空。他肯定是第一鳄鱼的儿子，并作为蒂卡尔的阿豪和卡隆特进行统治。在他统治期间最值得注意的是他树立的 31 号石碑，石碑正面琢刻了国王的肖像（图 6-8），而背面极长且内容丰富的文字（图 5-7）提供了从开创者时到他自己统治时期的唯一最详细的世系记录。遗憾的是，该记述并没有提供这段长达 165 年的共 11 位统治者的全部世系。其名字字符的语音读法与我们对"暴风雨天空"的主观解释有很大不同。从读音上看，它读作暴风雨天空，对于它，一个极其不准确的翻译可能是"天生的卡威尔"[5]。在 31 号石碑"暴风雨天空"形象的雕刻上可以看到两个有趣的特征。一个是他的名字字符被纳入他所戴的头饰中。另一个特点是，一个祖先的形象盘旋在主体人物的上方，从空中俯视。这个祖先的形象具有暴风雨天空的父亲第一鳄鱼的所有属性。

与暴风雨天空的名字有关的石碑包括 1、2、28、31 号石碑，现在还有 40 号石碑。有两个年份与他的掌权有关，一个是 411 年的阿豪头衔[6]，另一个是 426 年的卡隆特头衔。[7] 由于他的父亲"第一鳄鱼"死于 420 年，"暴风雨天空"在他父亲去世前 9 年成为蒂卡尔的阿豪，但在他去世后 6 年才成为卡隆特。这表明，在父亲去世后，儿子并不能自动立即继承头衔。

北卫城的一座墓葬被认为属于暴风雨天空，该墓的墓壁上画了一个与他的死亡有关的日期（48 号墓，图 6-9）。457 年画在墓壁上的一个日期曾经被认为表示下葬的时间，但后来事实证明并非如此。1996 年发现的 40 号石碑上提供了他的死亡的年代，也为他儿子坎·阿克（K'an Ak）的继承提供了新的细节。因此，我们知道暴风雨天空死于 456 年 2 月 19 日，直到 458 年 8 月 9 日才下葬。[8] 因此，墓中绘画的日期即 457 年 3 月 9 日，比实际死亡晚了 383 天，比最终下葬晚了 515 天。人们不禁要问，在这两个日期之间的丧葬仪式有哪些阶段，是否所有统治者的死亡都有相同的间隔时间。在没有更多信息的情况下，我们通常假定一个统治者的死亡日期与下一个统治者的即

图 6-8　31 号石碑是雕刻得最精致的蒂卡尔纪念碑之一。暴风雨天空在 31 号石碑的正面记录了他自己和他父母的容貌。

位日期相吻合。考虑到他在 411 年即位，456 年死亡，我们认为暴风雨天空在蒂卡尔掌权 45 年。

　　暴风雨天空在位时，来自墨西哥的影响进一步加深，这种影响在他父亲的时代已经非常明显了。31 号石碑上，拱卫着统治者的人物身着墨西哥战衣，手持作战用的盾

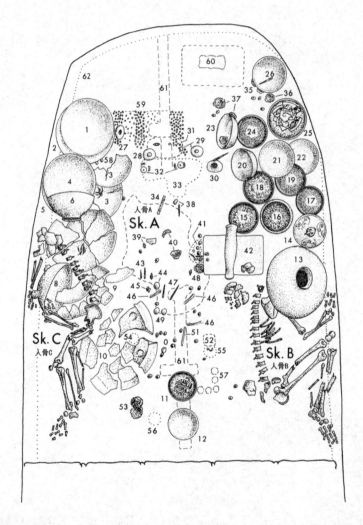

图 6-9　在北卫城发现的 48 号墓的平面图。该墓被认为是暴风雨天空的墓葬。这座墓葬位于北卫城神圣的南北轴线上。

牌和长矛被认为是其父亲第一鳄鱼。这一时期的文字表明，蒂卡尔巩固了与北方邻国瓦夏克吞的友好关系。这一时期，这两个遗址来往密切，蒂卡尔成为该地区的主导力量。[9]

去世后，这位统治者进一步展现了他对墨西哥风格的钟爱。48 号墓葬被安置在北卫城神圣的南北轴线上，位于被称为 5D-26 号建筑的小神庙前。这个位置将在两个多世纪后被 5D-33-1 号建筑覆盖，而这个伟大的纪念性建筑注定将成为蒂卡尔历史的一个重要转折点。墓室很小，比他父亲的墓葬小得多。墙壁上画着奇怪的相当抽象的人物并写着上述日期的象形文字。这是在他最著名的纪念碑——第 31 号石碑上的献词日期之后的第 11 年。这是在北卫城神圣轴线上的几座主要的王墓中的最后一座。随后的墓葬出现在北平台地的神庙之下，面向卫城或失落世界金字塔群的其他地方。

暴风雨天空本人，像他的一些前辈一样，不是以一具完整的尸体来埋葬的。头和手都不见了，有机物的存在表明他的尸体是用布捆绑起来后下葬的。遗憾的是，头颅不见了，但在头颅的位置上放了一把黑曜石刀。这一替换的意义尚不清楚。他的身旁有两具年轻男性的骸骨，显然是这位伟大战士的陪葬者。

除了彩绘的日期之外，东西两面墙壁还装饰着类似于字符的彩绘徽章，总共有 45 个。有许多可以识别出来，但并不能构成连续的文字。柯金斯认为，它们可能代表了一种仪式性的颂歌，可能是葬礼仪式的一部分。[10]

在墓葬随葬品中有 30 件陶器，其中有几件带有特奥蒂瓦坎风格的灰泥粉刷和彩绘，而特奥蒂瓦坎风格在第一鳄鱼墓中非常有名。并有常见的海菊蛤壳和黄貂鱼刺以及从特奥蒂瓦坎引进的绿色黑曜石和更多的鸟类残骸。总的来说，墓中器物与暴风雨天空父亲的 10 号墓相当相似。值得注意的是一件精致的雪花石雕刻碗，碗的外侧有一个尚未能破译的铭文。墓中的雕刻和带灰泥陶器的形制和内容显示出墨西哥中部的影响，但也有明确的玛雅化趋势。

从"暴风雨天空"之死到古典早期的结束还有将近 140 年。在这一时期，蒂卡尔有

6 个已知的有名字的统治者，同时也有证据表明还曾存在其他不知名的统治者。在这六 6 人中，只有 2 个是通过墓葬被了解的，而其余的则是通过象形文字记录得知。

还有一座墓葬因其位置和年份而引起注意。那就是在大广场南侧中央卫城 1 号庭院发现的 177 号墓葬。陶器装饰的风格比"暴风雨天空"时期稍晚，柯金斯根据风格认为其年份是 475 年。这座墓葬包括一个小墓室，是在 1 号庭院的一次重大扩建时在庭院填土中开挖而成的。墓主可能是一名年轻的女性，以坐姿安置在一个朝西的小墓室里。177 号墓葬最有趣的特点是，它正好位于神圣的南北轴线上，尽管它远在北卫城的南部。该墓室埋在 5D–71 号建筑的南侧楼梯脚下，这建筑是一座带三处门道的仪式性宫殿，面向北卫城。墓葬的位置和随葬品都表明这是暴风雨天空的一个亲属，也许是女儿或妹妹，她得到了埋葬在圣轴线南部的荣誉，这在前面（在前古典时期晚段，见本书第四章）已经被认为是一个与女性有关的方向。

混乱的时代：古典早期的黑暗时期

从 292 年胡纳尔·巴拉姆 29 号石碑上开始出现文字记录，到 456 年暴风雨天空一世的死亡，时间跨度为 164 年。尽管记录不完整，但有充分的信息可以推断出蒂卡尔的发展模式，首先是蒂卡尔玛雅风格在艺术和陶器方面的加强，其次是墨西哥艺术主题和战争风格的影响，最后是在暴风雨天空一世统治下这些风格的玛雅化趋势。在同一时期，战争变得更加普遍，遗址之间的竞争日益激烈。在暴风雨天空一世即第 9 位统治者去世后，在接下来 137 年的时间里相继又有 11 位统治者上台，最后是第 22 位统治者，他的名字是蜥蜴头 [Lizard Head（ E Te Ⅱ ）][11]，被埋葬在北平台地的 195 号墓中。

这一时期，战争加剧，北方的另一座大城市卡拉克穆尔对蒂卡尔的敌意也在不断加深。一连串的结盟和仇怨导致蒂卡尔多次失败。这种失败在城市自身没有记录，必须从其他遗址的文本或其他类型的证据中去推断。文本的缺乏是战乱的结果之一，因为得胜的敌人往往会摧毁、玷污或以其他方式消除战败城市的记录。这无疑在一定程度上说明蒂卡尔在古典早期结束前的 137 年里相对缺乏文字记录。这些稀少的记录为我们提供了这一时期 11 位统治者中 7 位的名字。这些记录发现在蒂卡尔 16 件不同的石碑上 [12]，其中包括一个名字不详的第 17 任统治者的石碑。这 7 个已知的统治者的名字，按时间顺序排列如下：黄色野猪（坎·阿克）[（Yellow Peccary（K'an Ak）]、美洲豹·爪二世 [查克·托·伊查克（Chak Toh Ich'ak Ⅱ）]、蜥蜴头一世（E Te Ⅰ）、卷头（无玛雅读法）、美洲豹·爪三世（Chak Tbh Ich'ak Ⅲ）、双鸟（亚克斯·库克莫）[Double Bird（Yax K'uk''Mo'）][13] 和蜥蜴头二世（E Te Ⅱ）。以下是这段近 14 年的动荡时期的概要。

黄色野猪（坎·阿克）[14]

第 12 位继承人在两块石碑（9 号和 13 号）上被提及，这两块石碑都位于 5D–34 号神庙建筑的前面，第一鳄鱼就葬在这里。黄色野猪的名字字符显示了一只野猪的头部，眼睛里有一个十字形符号（kan cross），眼睛上方有一个三叶草符号，表明这是一头矛牙野猪，而不是生活在蒂卡尔环境中的其他野生猪类。琼斯将 13 号石碑中被侵蚀的"父亲"字样解释为"暴风雨天空"，由此推知黄色野猪为第 12 代的直系继承人。黄色野猪的两个纪念碑图标风格与描绘他父亲的雕刻作品没有任何相似之处，特别是 31 号石碑。然而，1996 年 7 月，一件新的雕刻石碑——第 40 号石碑 [15]（图 6–10 和图 6–11）的戏剧性发现彻底改变了这种看法。这块石碑是黄色野猪树立起来的，包含了他的父亲暴风雨天空一世和他本人的一系列新的日期。如上所述，两位统治者生活中的新事件和日期被揭示出来。文本还指出，黄色野猪于 458 年 8 月 24 日在蒂卡尔掌权，也就是他父亲下葬后的第 15 天，而 40 号石碑本身是黄色野猪于 468 年 6 月 20 日树立的。[16] 树立的日期定在 31 号石碑之后的第 23 年，二者风格非常接近，表明是同一人雕刻的。这对理解王位继承是非常有帮助的，因为 9 号和 13 号石碑上提到黄色野猪的铭文很短，提供的信息和日期也很少，与 31 号石碑上的历史记录形成鲜明的对比。尽管世系完整无缺，但表述方式却发生了一些变化。从 9 号石碑上的日期，我们知道黄色野猪在 475 年仍在位 [17]，但有关他第的统治的其他日期并不可靠。

虽然第 14 位统治者被确定为黄色野猪的直系子孙，名为美洲豹·爪二世，但介于两者之间的第 13 位统治者的身份却不太清楚，存在两种可能的人选。

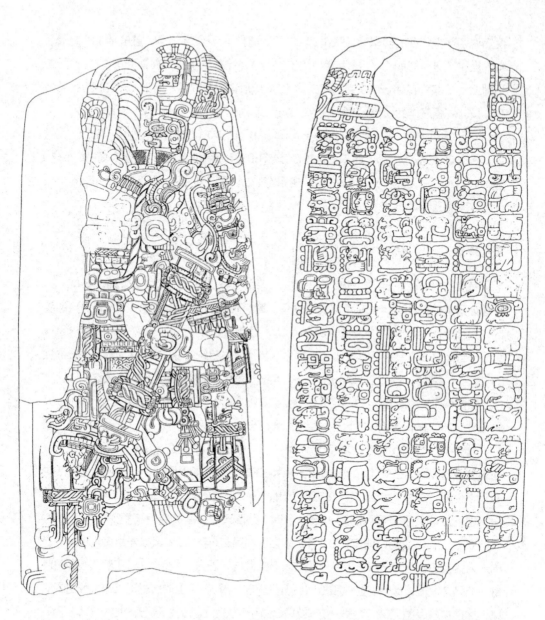

图6-10 （左图）费德里科·华森（Federico Fahsen）绘制的40号石碑的正面图显示了蒂卡尔的第12任领主、暴风雨天空的儿子黄色野猪（坎·阿克）的形象。

图6-11 （右图）40号石碑背面的复杂文字涉及该时期的继承历史。其风格表明该石碑与31号碑是由同一人雕刻的。40号石碑完成于468年。

第 13 位统治者

由于数字 13 在玛雅日历中的重要性，第 13 位统治者应该是在王朝后裔中占据一个突出的位置，玛雅人肯定会敏锐地意识到这一仪式特征。然而，这位统治者至今不为人知，只有一个相关的纪念碑。

3 号石碑提到黄色野猪（第 12 位统治者）的一个儿子是蒂卡尔的统治者，这个名字未能识别出来，只知道不是美洲豹·爪二世（第 14 位统治者）的名字，此外，488 年[18] 正好介于黄色野猪和美洲豹·爪二世的已知统治时间之间。3 号石碑上的记载可能是指身份不明的第 13 位统治者。根据吉纳维芙·米歇尔（Genevieve Michel）[19] 对古典早期的王位继承所做的详细重建，黄色野猪生了多个儿子。他的 5 个儿子都曾担任过蒂卡尔的统治者，其中第 13 位统治者很可能是美洲豹·爪二世的哥哥，而美洲豹·爪二世是已知的下一任统治者。

美洲豹·爪二世（查克·托·伊查克二世）[20]

第 14 位继承人的真实性是毫无疑问的，他的地位在第 7、15 和 27 号石碑上均有描述。从这些纪念碑中，我们知道他是在 495 年开始统治的。[21] 如前所述，玛雅人没有表示重复使用一个名字的次序的方法。虽然美洲豹·爪一世统治结束后不久美洲豹·爪的血统可能就断了，但现在随着他的名字在近一个半世纪后的恢复，它又重新建立起来。继承的连续性是如何在世系变化的同时得以保持的，这仍然是蒂卡尔政治的一个谜团。

蜥蜴头一世（E Te Ⅰ）

虽然文字被侵蚀，阅读存在困难，但大广场的 8 号石碑很可能代表了第 15 位统治者。这个名字的字符显示了一个爬行动物的头，要么是蜥蜴，要么是青蛙，嘴里叼着玛雅的“te”符号。同样的名字字符也出现在一件被盗陶器的彩绘铭文中，而这个时间段也是吻合的。8 号石碑上的年代是 497 年[22]，比记载的美洲豹·爪二世的统治年份只晚了两年。最好的解释是这两个人是兄弟，都是黄色野猪王的儿子，按年龄顺序统治。

第 16 至 18 位统治者的继承

虽然第 15 位统治者唯一已知的年份是 497 年，但是在已知的继任者中，下一个继任日期直到第 19 位统治者才得以确定，即 527 年。这一时间跨度只有 30 年，但却涉及了蒂卡尔 3 个基本不为人知的统治者。

在一件未经证实的陶器上发现的彩绘铭文似乎提到了蒂卡尔的第 16 位统治者和他的名字。[23] 然而目前还没能读出这个名字的音标。米歇尔称他为"黑色陶罐统治者"。

第 17 位统治者可能是 6 号石碑上的人物，其年份为 514 年。[24] 这块石碑是残缺的，但最初被放置在北平台地的东端，靠近 5D–32 号神庙建筑。雕刻风格显示，这是一系列相似的雕刻石碑中的最后一块，它们描绘了统治者手持突出而精致的权杖的画面。

尽管在王位继承方面有明显的知识空白，但在同一时期还发生过一些已知的事件，暗示着困扰我们理解蒂卡尔这一阶段历史的奇怪行为和中断。

第 18 位统治者

考古证据、象形文字、年代和图像学的结合揭示了一个围绕着一位女性的引人入胜的未解谜团。她曾被称为"蒂卡尔女士"或简单称为"蒂卡尔夫人"，她是这个城市历史上盛行妇女权力的另一个例子。她的名字字符结合了"女人"的符号和"蒂卡尔"的象征字符。她的地位是如此重要，以至于两座与 160 号墓中一个非常重要的男性有关的雕刻石碑上均对她有所提及。

根据埋葬这个男人的金字塔建筑附近的 23 和 25 号石碑的描述，他的重要性取决于与他有关的女人的身份和出身。这个女性的墓葬（162 号墓）位于与金字塔相邻的一座扩建的平台下。这座小神庙及其相关的石碑位于远离市中心的遥远森林中，远离作为王室墓地的北卫城，然而男性的墓葬显然与任何王室的墓葬一样富有。这两块石碑都提到了这位女性。[25] 23 号石碑是供奉给蒂卡尔夫人的，可能是由她委托并树立的。

这是蒂卡尔为数不多的直接献给女性的纪念碑之一，也是古典早期唯一的一座。纪念碑上写着她生于 504 年。[26] 这块石碑磨损严重，可能是蒂卡尔的入侵者造成的。侧面描绘了一个男性和一个女性，可能是正面主体人物的父母的形象。文本中还包括一个可能的继任年份，即 511 年。这些年份表明一个统治世系的成员（可能是女性）在 6 岁时就作为阿豪确立下来，但不一定是国王（或女王）。

25 号石碑距离埋藏有王室墓葬的 7F–30 号建筑约 200 米。它已被严重毁坏，支离破碎。侧面一男一女的形象几乎无法辨认，主体人物也破坏严重，无法辨别性别。背面冗长的文字，只告诉我们这块石碑至少是在 517 年树立起来的。这也可能是 23 号石碑放置的日期。

在这组建筑中，160 号墓的墓主引起了人们的遐想。墓主显然是一个成年男子，身边有丰富的随葬品。其中最引人注目的是一件马赛克面具（图 6–12），这件器物用绿石、贝壳和沥青制成，预示着蒂卡尔高水平的艺术成就。墓中的一些特征指示此人为"绿咬鹃王"（库克·阿豪）["Lord Quetzal"（K'uk'Ahau）]。墓中的随葬品包括位于其两腿间的一副绿咬鹃的骨架。此外，其面具的头饰上的钩状喙也很像这种鸟。正如第一鳄鱼的墓中有一具鳄鱼骨架反映了他的名字一样，第 160 号墓中的主人也可能用咬鹃鸟（k'uk'）作为他的名字标志。这个人的身份不得而知。他可能通过他的妻子（可能为蒂卡尔夫人）与美洲豹·爪氏族结姻，并且是个外来者。柯金斯认为，他通过与直系王朝成员的婚姻获得了财富和权力，他被他的妻子以应有的仪式安葬，但地点远离城市中心，这也许是在家族其他成员的坚持下决定的。[27] 最后，这位贵族妇女将自己埋葬在与她的丈夫相邻的同一地点（可能为 162 号墓），但没有举行仪式。值得注意的是，这组墓葬位于城市的东南方向，琼斯认为这个位置在通往蒂卡尔的贸易路线上。对这位没有留下明确标记指示自己属于美洲豹·爪血统的"王室"成员来说，这里可能具有某种特殊的经济或社会意义。与墓共存的纪念性建筑可能是在一次外来袭击中被摧毁的（可能来自位于这个方位的卡拉科尔），但随后又被虔诚地重建起来。目前对这些明显的王室成员的角色还缺乏合理解释。

围绕着这个小故事还有最后一个谜团。14 号石碑出土于北平台地。仅存底部的残

图 6-12　160 号墓葬随葬的面具是由玉石、贝壳和沥青制成。该墓葬可能是蒂卡尔第 18 位统治者的墓葬，可追溯到 6 世纪初。

块，其四面雕刻似乎与 25 号石碑风格一致，在重新放置时倒转过来，使得象形文字朝外。这可能是 25 号石碑缺失的底座，被人从蒂卡尔东南区一路运回城市中心用于祭祀，但没有放正，很强烈地暗示了当时存在长期记忆并试图修复。尽管所有的问题都没有得到解答，但 23、25 和 14 号石碑以及 160 号墓（图 6–13）这组证据现在都与蒂卡尔的第 18 位统治者有关。

图 6-13 160 号墓的罕见照片，由协助发掘的埃德华·克罗克（Edtvard Crocker）拍摄。骨头、玉石和突出的红色朱砂是典型的王室墓葬特征。

卷头

第 19 位统治者的名字是"卷头"，这个名字是由琼斯因缺乏其他读法而命名的，至今仍在文献中沿用。马丁和格鲁伯认为与"卷头"对应的象形文字是一个通用的称号，这个统治者的真正名字是卡隆特·巴拉姆（Kalomte Balam），意为"统治者"美洲豹（"Ruler" Jaguar）[28]。从 10 号和 12 号石碑中可以看出，与这个人相关的唯一可靠的年份是 527 年，被认为是供奉两个石碑的年份，也可能是他即位的年份。他自称是合法的美洲豹·爪家族成员，但这是有问题的。他实际上可能是一个篡位者。这两座纪念碑都矗立在面向大广场的北平台地上，其上有此时在蒂卡尔流行的深浮雕。在 10 号石碑上（图 6-14），国王面向前方，头转向观众的左侧，高举右手，展示着一件已朽蚀的器物，其姿势与 31 号石碑上的"暴风雨天空一世"相似。10 号石碑上的文字还提到了对与卡拉克穆尔相关的王座的一次"切割和砍剁"（cutting and chopping）行为，这可能是指卡拉克穆尔和蒂卡尔政体之间因日益增长的敌意引起的一次小规模冲突，就发生在此人在位之时。

图 6-14　被称为"卷头"或卡隆特·巴拉姆的人在 10 号石碑上展示了他的荣光。它是以古典早期后段的深浮雕风格雕刻的，面向观众的左侧。年份为 527 年。

美洲豹·爪三世（查克·托·伊查克三世）[29]

17 号石碑上的出身描述说明，第 21 位统治者的父亲是美洲豹·爪三世，这使他成为继卷头之后的第 20 位统治者。没有任何石碑与这位统治者有密切联系，这使我们不得不从年代学上寻找有关他的可能信息。其中一条线索来自于一个非常重要的、雕刻精美的纪念碑——26 号石碑（图 6-15）。

26 号石碑上的雕刻非常精致，浮雕很深，保存完好。非常遗憾的是这块石碑的大

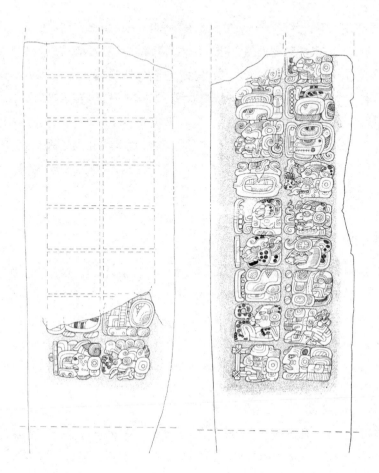

图 6-15　26 号石碑两侧的文字都是精心雕刻的，但由于保存不完整，无法确定是哪位统治者下令制作的。但可能是美洲豹·爪三世。

部分都已经丢失了，只有一个基座残块保存下来。这块石碑上没有留下日期。其他石碑的记录表明这处残缺不全的碑文是在宣布下一任继承者之前的声明。蒂卡尔的下一个已知日期来自与第 21 王双鸟（Double Bird）有关的 17 号石碑。17 号石碑上最早的年份是 537 年 [30]，如果把这个作为双鸟的即位年份是很有意思的。这一年份也很适合美洲豹·爪三世，因为他可能在同一年死亡。这样的重构是通过推理得出的，没有任何直接证据。

26 号石碑又被称为红色石碑，是由埃德温·舒克于 1958 年在第一鳄鱼（亚克斯·艾因一世）墓上方的 5D–34 号神庙内发现的。在根据本章已知的蒂卡尔的不幸来重建这个奇怪地点的历史时，可以推测是一次可能来自卡拉科尔的重大袭击导致 26 号石碑的断裂。后来找到的残块被重新组装并隆重地埋在 5D–34 号神庙的砖砌祭坛下。在很久以后的后古典时代，祭坛本身被亵渎，这时可能有更多的石碑残块遗失。这些事件证明了古典早期后段暴力事件的增加。蒂卡尔的权力和凝聚力正面临着极大的压力和考验，雕刻纪念碑的公共记录被破坏就是很明显的证据。这些由于当时的暴力使美洲豹·爪三世统治时期的所有证据都是次要和脆弱的。

双鸟（亚克斯·库克·莫）

双鸟在 17 号石碑上被称为蒂卡尔的第 21 位统治者，据推测他是在最早的石碑年份即 537 年即位的。同一块碑文称美洲豹·爪三世是他的父亲。这是古典早期继过去 10 个统治者中暴风雨天空称第一鳄鱼是他的父亲后，第一次直接记录了父子继承关系，现在我们从 40 号石碑得知坎·阿克称暴风雨天空是他的父亲，因此这种已知的父子继承关系又延长了一代。后续的关系必须从年份和继承声明来推断。双鸟的掌权日期被记录为 537 年，估计是作为蒂卡尔的阿豪。

双鸟的名字至今在玛雅语中还没有被翻译出来，有趣的是，蒂卡尔的盟友之一即科潘城的开创者有一个高度相似的名字，字符代表了交织在一起的绿咬鹃和金刚鹦鹉。这种"双鸟"组合在科潘被翻译为亚克斯·库克·莫。科潘的开创者死于 435 年，比双鸟在蒂卡尔的即位时间早了 102 年。这时两座城市之间已经出现了牢固的联盟迹象。共享统治者的父名是表达这种联盟的一种方式，蒂卡尔的这位统治者可能以团结的姿态采用了科潘开创者的名字。第 21 位统治者的名字字符中两只鸟保存得不够清楚，无法确定它们的种类，但我们在这个人物身上看到另一个亚克斯·库克·莫的可能性很大。

17 号石碑上的铭文非常长，共有 108 个原始符号。但大部分符号由于污损和侵蚀已经消失。留给我们的最有趣的信息之一是在一个叫作"燧石山"的地方发生冲突的描述。我们知道这意味着蒂卡尔与卡拉科尔城内或周围的一个地区发生了长期而严重的冲突。石碑上的最后一个年份是 557 年 [31]，这被认为是竖立石碑的年份。这是双鸟在蒂卡尔掌权后的 1 卡吞即 20 年后。这也是在接下来的一个半世纪里蒂卡尔最后一个被记录的年份。这一段没有年份记录的时间被称为"间歇期"，笔者将在下面的章节进行讨论。间歇期跨越了从古典早期到古典晚期的变化阶段，因此它对蒂卡尔以及整个低地玛雅的历史都非常重要。

17 号石碑上的最后年份不可能是双鸟的死亡时间。然而，蒂卡尔和卡拉科尔之间的巨大冲突在该年份之间。我们从卡拉科尔的记录中发现了他们在 562 年之后的大约五年打败了蒂卡尔的说法。[32] 显然，这是一场对蒂卡尔造成严重后果的旷日持久的战争。这场战争显然是在双鸟的统治下开始的。卡拉科尔战胜蒂卡尔事件是玛雅低地"星之战"的第一个记录 [33]，这场战争的时间是由行星特别是金星的位置决定的。具有讽刺意味的是蒂卡尔在这一重大事件中是受害者，自此之后蒂卡尔在未来将积极参与许多"星之战"。

蜥蜴头二世 [34]

蒂卡尔的第 22 位统治者已被确认埋在北平台地的 195 号墓葬中，位于 5D–32 号神庙建筑之下。他的名字所对应的象形文字在第 15 位统治者之后重复出现，被描述为一个嘴里含着"te"符号的无颌的爬行动物的头。在随葬的两个彩陶三足器上的彩绘文字中出现了这个名字。

双鸟死于 557 年（供奉石碑）之后的某个时间，蜥蜴头随后继任。562 年卡拉科尔击败了蒂卡尔，这可能导致了双鸟的死亡和蜥蜴头的继任。他在 5D–32 号建筑之下的墓葬遵循了之前由第一鳄鱼和暴风雨天空建立的北平台地神庙墓葬的模式，埋设次序是由西向东，但并不是不间断的继承，因为暴风雨天空和蜥蜴头之间有十个统治者。

蜥蜴头的名字在其墓葬随葬品之外的彩绘陶器中也有发现，这些可能表明城外其他地区提及了这位蒂卡尔统治者。其随葬品中的陶器等器物属依克陶器阶段初期，但显示出对灰泥和彩绘陶器的持续兴趣（图 6–16）。这座墓中出现了新的器型，它们是用已腐材料制作而成，表面均用灰泥或颜料处理过。其中包括四个雕刻的卡威尔神像（图 6–17），蒂卡尔的许多统治者都使用这个名字，一个木轭（用于玛雅球赛）以及灰泥涂抹的葫芦。这类物品相当脆弱，在考古发现中很难发现和复原。

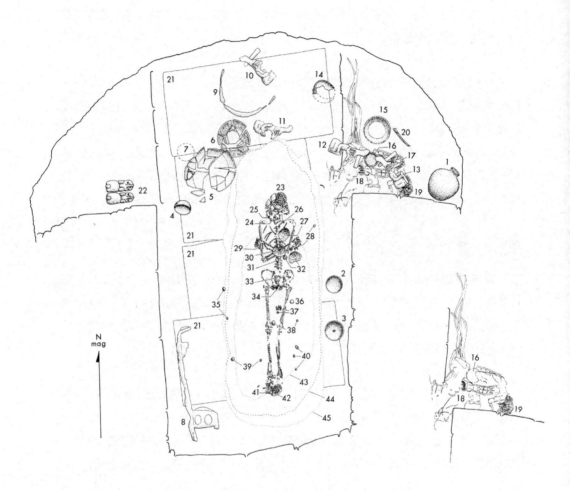

图 6-16　195 号墓葬是在北平台地的 5D-32 号神庙下面发现的，据说属蒂卡尔的第 22 王蜥蜴头二世。该墓葬出土了许多复杂的木质器物和灰泥制品。

图6-17　在墓中发现一套 4 件木制小雕像。其中 3 个保存得很好，正如在此展示的那样。它们最初被认为是 4 个天气之灵，现在被称为卡威尔，即权力之神。

虽然蜥蜴头墓葬随葬品没有告诉我们他是谁，他的父母是谁，但它们确实让我们了解到，蒂卡尔古典早期已经达到了艺术风格的高潮，而且这种风格是该城市所特有的（图6-18）。

在蒂卡尔古典早期的后半段见证了从墨西哥高原的艺术影响转为独特的玛雅风格的过程。然而，来自高原的战争影响产生了灾难性的后果。随着针对各种城市的结盟与攻击的交替进行，蒂卡尔和卡拉克穆尔之间的敌意不断发生转移，其中几乎所有的事件都是从蒂卡尔以外的地方知道的。这个伟大的大都城在遭受重大失败后陷入了沉寂。

图6-18　H.斯坦利·洛顿（H. Stanley Loten）绘制的北卫城和大广场的复原图，背景是中央卫城。时间是在9世纪初。

第 7 章　蒂卡尔的建筑

前古典时期到古典早期阶段

蒂卡尔的建筑是一个值得单独成章的无法忽略的主题。由于其复杂性，该主题被分为两章。本章粗略地讨论了从前古典中期的最初定居到古典早期结束（公元前 800年—550 年）的风格和形态。第十二章将讨论更为复杂但更为著名的古典晚期的风格。

在前古典晚段，无论是人口规模还是建筑尺寸反映的雄心方面，蒂卡尔都出现了外形上和观念上的重大飞跃。我们第一次发现，建筑的纪念意义达到了高级文明的水平。为建造如此大规模的北卫城和失落世界金字塔群，必须有大量的劳动力从粮食生产中解放出来。为了创造一个能够建造如此宏伟建筑的独立王国，这几千人一定使这个城市充满了活力。古典早期最后一个建筑阶段的失落世界金字塔，直到 7 世纪末仍是蒂卡尔最高的建筑，其高度超过 30 米，比北卫城的 5D–22 号建筑略高。半个世纪以来，无论游客从哪个方向走近蒂卡尔城，都是这座建筑首先露出地平线。

蒂卡尔建筑的古典风格就是在这一时期诞生的。在一些研究者看来，这种风格与其他玛雅城市设计的巴洛克式风格（如帕伦克的华丽拱门和塔状屋顶线条）相比显得很严肃。墨西哥普克（Puuc）地区的建筑装饰风格独特，是用一连串面具覆盖外墙作为装饰。相比之下，蒂卡尔的风格确实很严肃，但却丝毫不逊色。蒂卡尔的建筑风格注重光和影，强调水平面和垂直面的变化。转角很少是单一的锐角。相反，平面相交处两侧均做成内凹状，以强调真正的转角（图 7–1）。10 至 14 世纪时印度耆那教建筑利

图 7-1　在二号神庙的多个平台转角，都通过使用转角内凹来增加阴影平面。这种特征在神庙建筑中最为常见，可能是一种功能标识。

用同样的装置来装饰和强调角落。在垂直方向上，平面的变化不强调对立。作为阶梯状金字塔特征的边坡坡度被分解成垂直部分，这取法于简单的茅草建筑（图 7-2）。如今在房屋底部平台的地方有一块内凹的部分使这个台阶看起来是真的。上面是一个内凹的面板，然后是一个突出的部分打破平台表面斜线。玛雅人将这些特征作为最古老的原始房屋垂直轮廓的缩影，从而创造了一系列具有图像意义的阴影线（图 7-3）。这两种设计，即打破垂直线和水平线并利用建筑的简洁线条在神庙或宫殿的表面创造出光和影的变化，此外还会装饰面具和雕塑（图 7-4）。水平线和垂直线的交错在前古典时期形成并一直沿用，经过点缀成为蒂卡尔风格的一个基本特征。这种风格已被公认为建筑中的"佩滕中部风格"，其特点是分布于比蒂卡尔本身大得多的地理区域，显然它是在蒂卡尔被发明的（图 7-5）。

图 7-2　佩滕圣何塞的一组茅草房，显示了使用岩石平台作为房屋基础的做法，这种做法已有几千年的历史。可以看到水平的、功能性的墙体隔板从涂层中暴露出来。

图 7-3　中央卫城 5D-63 号建筑的内部房间显示了抹灰泥的屋顶拱顶。

图 7-4　在原本平淡无奇的神庙侧面使用侧面内凹创造了水平和垂直线条与平面的相互作用，产生了复杂的阴影和光线模式，为建筑增加了活力。

图 7-5 大广场上的第一座神庙虽然不是最早的也不是最高的以这种垂直风格建造的神庙，但它仍然是蒂卡尔的标志性建筑，展示了这座城市的特殊建筑风格。

　　在前古典时期以及古典早期前段，面具被用来装饰平台的正面，如在失落世界建筑的支撑性金字塔上，这种使用似乎可以追溯到最早的时期。与玛雅低地的其他地区不同，蒂卡尔的建筑只在建筑的支撑平台、上部区域和冠状屋脊上使用垂直表面装饰（图7-6和7-7）。在蒂卡尔，神庙或宫殿墙壁表面的装饰是非常罕见的。在古典晚期建筑上部区域以下不再使用面具装饰，这时的蒂卡尔风格是最明确和最简朴的。

图7-6　复原的二号神庙上部区域的装饰板，尽管这种装饰只限于公共建筑的某些部分，但它还是很精致的。

图7-7　蒂卡尔四号神庙的上部区域和冠状屋脊可能是装饰分布最广泛的。在屋脊的中心几乎无法辨识出面向东方坐着的国王。

蒂卡尔的建筑和风格

建筑风格远远超出了这种表面处理的问题。在此简要介绍一下蒂卡尔建筑风格的变化可能对读者有所裨益，因为它在城市历史的发展中变得越来越重要。

古代玛雅人建筑发展的故事远远超出了蒂卡尔的范围。建筑的形式和变化起源于低矮的玛雅房屋，这是一种用易腐材料建造的茅草屋，在旧大陆通常被称为木骨泥墙。玛雅版本的木骨泥墙房屋是一种简单的建筑，墙壁由藤蔓编织而成，然后用泥浆和灰泥涂抹，最后刷白。屋顶是最复杂的，用藤蔓将一系列横梁和桁架固定在一起，然后覆盖多层棕榈树叶（图7–8）。使用的棕榈树类型因地区而异。在蒂卡尔使用"鸟粪"棕榈，但与蝙蝠粪便（该词的另一含义）无关，只是当地扇形棕榈的一个变种（图7–9）。石构建筑的元素都来自于基础的木骨泥墙房屋。这些元素的使用方式因地区而异。蒂卡尔的各种风格是玛雅地区最优雅简洁的一种。

图7-8 构建房屋屋顶所需的桁架和横梁结构是一种复杂而非常古老的技术。只用藤蔓捆绑，材料均来自当地的森林，至今仍然如此。这座房子是1959年在蒂卡尔村建造的。

图 7-9　在蒂卡尔村，可以看到 1959 年正在建造的屋顶茅草的各个阶段的样貌。

　　完全由石头、砂浆和填充物建造的建筑只占玛雅建筑的一小部分，因为在古代由茅草搭建的易腐型建筑的数量要多得多，而且延续至今。从理论上讲，易腐型建筑是在该地区引入农业的同时发展起来的，大约在公元前 1500 年或更早。它的形式变化不大，今天在玛雅地区的所有地方仍然可以看到。石构建筑在不同地区的发展是不同的，这促使我们思考当地风格的问题。

　　平台和建筑之间有一个主要的区别。我们到现在为止一直在使用这两个词而没有进行解释。有些非常大的平台是用来支撑多个建筑的。例如，北卫城出现了许多这样的平台，使其高于周围的地形，并证明了从古典世界借来的"卫城"或"高地"这一术语使用的合理性。其他平台相对较小，用来支撑和抬高单一建筑。一座建筑可能有不止一个台地，以尺寸递减的方式叠加，形成金字塔的效果（图 7-10）。失落世界金字

图 7-10　一系列叠加的平台形成了金字塔的效果，这在一号神庙上最容易看到，它有九个平台，比例协调。从下面看神庙本体似乎是在天上的。

塔和蒂卡尔所有被称为金字塔的建筑都是这种情况。

另外，当考虑轮廓时，建筑有许多独立的组成部分。在底部通常有一个被视为整个建筑的一个组成部分的"建筑平台"，并与上述的其他大平台不同。建筑物本身在垂直方向上被分为下部和上部。下部包括建筑墙体，而上部则是内部支撑性石头券顶的外部反映。这个券顶是一个"托臂拱门"（corbeled arch），而不是一个真正的拱门，玛雅人并没有做到这一点。区别在于真正的拱门在两边的托臂之间会设置一块"关键石"（key stone）。希腊人和罗马人意识到了承受压力的石头在这个位置上的作用，而玛雅人却没有。相反，玛雅建筑依靠的是悬臂原理，用一个顶石代替真正拱门的关键石。

建筑的三个垂直部分——建筑平台、下部墙体和上部构造——反过来又反映了原始易腐建筑上的相同部分：分别是作为建筑基座的石台、木骨泥墙以及茅草屋顶。

因为屋顶原型必然是倾斜的，石头的屋顶通常也是倾斜的。在蒂卡尔风格中，屋顶的倾斜程度（在上部区域）是非常轻微的，有时甚至是垂直的。蒂卡尔的建筑师们在诠释生活方式时总是很朴素。在其他遗址如帕伦克，屋顶非常陡峭，更接近于反映茅草屋顶的倾斜度。

在蒂卡尔，上部普遍会有装饰，而下部则很少。这是区分佩滕中部地区与其他地区建筑风格的一个标志，在其他地区特别是在北部玛雅地区下部做装饰很常见。

在建筑的屋顶上可能有另一种装饰性结构，即"冠状屋脊"，它本身可能是很朴素，也可能是进行过装饰。在蒂卡尔，高高的冠状屋脊通常是"神庙"建筑的识别标志，尽管它的使用并不限于此。还有其他的识别特征可以帮助区分神庙、宫殿或其他功能的建筑。

这个问题引发了另一个考古学问题，即如何确定建筑的功能。在蒂卡尔，神庙的形状也在随着时间的推移逐渐发生变化。在发展的最初阶段，我们称之为神庙的建筑宽而低矮，有三个正面门洞。当然凡事有例外，到了古典晚期（我们将在后面的章节中更多地讨论这个问题），神庙变得更高更窄，且只有一个正面的门洞。神庙建筑被抬高了，使其唯一的通道对下面的群众来说似乎远在天上，这种效果是从蒂卡尔开始的，并且仅见于佩滕中部的少部分地区（见图 7-5）。

被称为"宫殿"的建筑在形式上的变化甚至更为复杂。由于玛雅人习惯于拆除旧的建筑来建造新的建筑，所以对前古典时期的宫殿建筑知之甚少。基础平台的残存告诉我们它们是存在的，但我们对这一平面以上的细节所知不多。

宫殿已被重新命名为"排列式建筑"（range-type structure），这是为了客观地辨识这些建筑，它们中的大多数都有许多房间并以不同的方式排列。蒂卡尔的中央卫城是一个排列式的建筑群，从前古典晚期一直发展到城市的衰落和废弃时期。大多数（但不是所有的）建筑都属于这种宫殿类型，涉及很多不同的功能，反映了一个王室的日常生活。在这些建筑中，只有少数几座建筑的功能得到确定，而且只有一座是家庭住所。这座建筑，即 5D-46 号建筑，是第五章中描述的美洲豹·爪的家族住宅（图 7-11）。

比起使蒂卡尔如此壮观的经过精心设计的石构建筑，更常见的是小得多的、几乎

图 7-11 经过发掘和部分修复的美洲豹·爪一世的宫殿群，这是贵族和王室的居所，现在被称为 5D-46 号建筑。

不引人注目的"房屋台基"，这么称呼是因为很少有地上建筑保存下来。这些建筑并不完全由石头建造，而是如前面所述，使用了不同数量的易腐材料。根据建房者的财富，一个简单的房屋台基可以有不同的复杂程度。最简单的台基是一个低矮、粗糙的土石平台，往往在地表没有留下什么实物证据（图 7-12）。从最低级的台基开始，复杂程度增加，到包括几层平台，平台上有很光滑的石块和石膏饰面。有的墙体建造在低矮

图 7-12　考古学家贝内特·布朗森（Bennet Bronson）发掘的房屋建筑表面形状不明，因此没有画在蒂卡尔遗址的地图上。在森林中进行的试掘表明这种"不可见的"建筑在该城市很常见。

的石头基础上，有的用石头建造墙体并直接搭设茅草屋顶。对于房屋建筑来说，屋顶总是使用易腐烂的材料。这些房子建筑成本不一，从贫穷农民到富商或社会等级制度中的高级官员均会修建这类房屋。

　　还存在一些其他类型的特殊建造，其功能可以通过专门的形状来识别。例如，带有低矮屋顶的汗蒸房、火坑和长凳。球场是一种常见的特殊建筑，其结构需满足举行球赛的特殊功能——这是古典玛雅礼仪生活的一个主要特征（图 7-13）。这些结构包括可将被击中的球弹回球场的倾斜边坡以及可能存在或不存在的得分标记。在蒂卡尔，这些具有特殊功能的建筑在古典晚期数量最多。拉波特在失落世界建筑群附近发现了一幅表现球手的古典早期壁画，与 6C–XVI 号建筑群中被破坏的宫殿建筑群有关。

图 7-13　与一号神庙相邻的小球场（5D-74 号建筑）表现了这类建筑的元素：在"球场"的内部有倾斜边坡的两处平行建筑。背景为中央卫城。

　　双金字塔建造群是蒂卡尔的另一种特色建筑，也是当地的特色，由于其对古典晚期城市发展的重要性，我们将留在后面讲述。

第 8 章　间歇期：战争和外部统治

根据记载，在蒂卡尔，战争盛行是城市生活中的一大特征。实际上整个古典时期战争不断升级。研究人员 [1] 认为，被称为 "atlatl" 的墨西哥投矛器的发明对蒂卡尔的作战方式产生了重要影响。在此之前，在森林中用短距离长矛和手持武器进行的小规模冲突限制了对敌方的伤害。投矛器（或者更确切地说是投镖器）改变了这一切，使长距离的投掷精度大大增加。这种武器是在美洲豹·爪一世时引入蒂卡尔的，被称为投矛器·猫头鹰的人 [2] 可能是美洲豹·爪一世的亲戚，甚至使用工具作为他名字的一部分。第一个可能受到这一武器影响的重大事件，是在第五章中提及的 4 世纪中期蒂卡尔和瓦夏克吞之间的冲突，与火生这个角色有关。

战争的作用从这么早的时期就明显升级了。人们认为，同盟、争端和敌意的起因要么源于经济，要么源于家庭分歧。联盟通常是通过将一个城市的王室女性嫁到另一个城市来实现的。蒂卡尔与远近的许多邻居建立了这种基于婚姻的联盟。这种做法并不能阻止友好关系的破裂，这种关系往往以与前盟友之间的武装冲突而结束。我们对蒂卡尔间歇期中这类关系的形成和继续所知甚少。

古典期早期结束的传统日期是在 550 年到 600 年之间。在蒂卡尔，这一重大文化转变的日期取决于当地的事件，而这些事件因战争的盛行而变得模糊。562 年，在卡拉科尔与蒂卡尔的宿敌卡拉克穆尔联手的情况下，蒂卡尔遭到了重创。这座伟大的玛雅都城被击败的事件记录在卡拉科尔的一座雕刻祭坛中，而来自卡拉科尔的其他碑文则显示了其与卡拉克穆尔之间的结盟关系。

随着这次彻底的失败，蒂卡尔陷入沉寂。在随后的 125 年里没有石雕纪念性建筑和任何铭文记录。也没有建造任何专门的建筑或竖立门楣来彰显统治者的荣耀。因为这一时间段恰好发生在文化发展的过渡时期，所以对相关事件的分析尤其困难。间歇期（Hiatus）本身是蒂卡尔所特有的。

然而，来自玛雅低地其他地区的书面材料表明在这一时期其他地区并不沉寂。无论在蒂卡尔发生了什么可怕事件，在低地的其他玛雅城市都没有发生同样的情况。在这么长的一段时间里，蒂卡尔没有发现铭文并不意味着当时没有雕刻铭文。带有铭文的纪念性建筑可能是存在的，但现在已经消失。克里斯托弗·琼斯认为这是一段纪念性建筑被严重破坏的时期。战争在低地普遍存在，尽管蒂卡尔是一个特别的焦点，但在这段沉寂的时期它是一个非典型的失败者。纪念性建筑和文本的缺失被认为是统治或激烈冲突的结果。

根据墓葬的相关信息，可知蜥蜴头二世墓葬 195 号墓与古典时期早晚期的过渡有关，尽管该墓的确切年份并不清楚。很有可能这位统治者的葬礼发生在蒂卡尔战败之后，在这种情况下，蜥蜴头二世可能根本就不是来自蒂卡尔家族的直系血统。他是这一地区古典晚期最早的统治者之一。这种模糊性和不确定性是蒂卡尔古典早晚期过渡时期的一大特点——它仍然笼罩在神秘之中。

蒂卡尔的间歇期从 557 年（17 号石碑上记载的最后日期）持续到 682 年 [3][第 26 位统治者哈索·产·卡威尔（Hasaw Chan K'awil）活动记录的第一个日期]。虽然这位统治者不是已知的古典晚期蒂卡尔的第一个统治者，但他是第一个恢复该城市书面记录的人。

蒂卡尔的间歇期跨越了从一个主要文化时期到下一个主要文化时期的变化，这一事实肯定不是巧合。人们不得不问，为什么一个在古典早期已经经历了大约三个半世纪发展的统一的文化系统，会在晚期古典时期发生巨大的变化？

对这种变化的一个可能解释是，文化转变对古代玛雅人来说并不像我们认为的那么深刻。这些变化主要包括抛弃旧的陶器（是最具可塑性的玛雅艺术媒介）器型。建筑形式也发生了变化。这些风格的转变可能仅仅代表特奥蒂瓦坎在内部冲突和战争中影响力的减弱。在间歇期，高地文明本身已经湮没了。在蒂卡尔出现的是一种非常积极的玛雅艺术和建筑形式，几乎没有受到外界的影响。人们可以认为古典早期蒂卡尔屈服于另一种文化的影响，认为这种文化更优越，因而采用了它的艺术形式和战争方式及理念。特奥蒂瓦坎的影响为这座城市带来了短暂的荣耀。然而，对战争的关注主宰了社会，并扩散到整个低地。蒂卡尔的古典早期以一场惨烈的失败告终。特奥蒂瓦坎影响的结果之一是蒂卡尔被征服了一段时间，虽然后来又迎来了复兴。

在遗址中，关于导致蒂卡尔进入间歇期的最后一战的记录很少。第 17 号石碑上记录了这场冲突的开始，在石碑上，双鸟讲述了在一个由蒂卡尔掌控的被称为"燧石山"的地方发生的一场"切割和砍剁"事件。该地点现在被确定在卡拉科尔的中心，这一事件标志着两个城市之间长期冲突的开始。

关于蒂卡尔随后的命运和不幸的信息，是从其他未被打败的城市的铭文中得知的。西蒙·马丁（Simon Martin）和尼古拉·格鲁伯 [4]（Nikolai Grube）通过阅读蒂卡尔之外的文本复原了这一场景。

卡拉科尔与蒂卡尔在早期基于家族互动建立了联盟，但后来二者之间开始爆发战争，导致战争的事件堪称教科书式的政治阴谋。例如，我们知道，在 546 年在位的卡拉克穆尔国王（纳兰霍 25 号石碑）的支持下，位于蒂卡尔以东 42 公里处的纳兰霍出现了一位统治者。[5] 此外，蒂卡尔与卡拉克穆尔的冲突已经持续了相当长一段时间，这可能是出于对贸易路线主导地位的争夺。我们必须记住，蒂卡尔和卡拉克穆尔都横跨半岛分水岭，因此是贸易路线的可选地点，可以通过有利可图的东西向陆上开拓路线，连接加勒比海和乌苏马辛塔水系。

图像学表明这两座敌对城市有许多共同之处。它们拥有相同的以美洲豹神形式存在的保护神，王朝领袖都有着相关的血统名称，蒂卡尔的美洲豹·爪和卡拉克穆尔的火·美洲豹·爪。这些融合表明了更紧密的联系，也许是基于两个城市的统治者之间曾经的家族纽带。这不是唯一一个早期存在家族关系的城市间产生敌意的案例。卡拉克穆尔还缺乏足够的信息来说明这两个对立政体之间存在共同的王朝起源。即使恶化的家族关系是一个因素，但对于这场持续了几个世纪并升级为血腥战争的竞争，最有可能的解释是商业上的，即对贸易路线控制权的争夺。

同时，553 年（该年份来自卡拉科尔 21 号祭坛和 6 号石碑），位于蒂卡尔东南约 70 公里的卡拉科尔，在蒂卡尔统治者的庇护下出现了一位新王。根据年代可知，这一定是在蒂卡尔王双鸟统治期间发生的。蒂卡尔在卡拉科尔安插国王的事件仅仅发生在蒂卡尔与卡拉科尔开战的三年前，这很可能是一次试图不通过战争进行控制的失败尝试。文本表明，蒂卡尔的这一行动是对其邻近的纳兰霍的叛变作出的回应，该城紧邻蒂卡尔的东侧，地理位置非常重要。纳兰霍位于蒂卡尔以东仅 42 公里，虽然不在一条直线上，但介于蒂卡尔和卡拉科尔之间。

然后在 556 年 [6]，蒂卡尔正式对它的前盟友卡拉科尔发动了一场"斧之战"（axe war）。[7] 这类战争以斧头为象征，表示意图毁灭的严重攻击，但与"星之战"（star war）不同，它不是由仪式或天文时间决定的。这次袭击显然出乎意料地使卡拉科尔受到重创。然后，仅仅 6 年之后，562 年 [8]，卡拉科尔对蒂卡尔进行了报复，在玛雅低地记录了第一次"星之战"。这个日期被视为蒂卡尔被卡拉科尔击败的日期。"星之战"是一场全面的战争，其计划与特定天文事件相符，通常是在金星第一次出现在早晨的天空中时发动。在黎明前的天空中，明亮的金星偕日而出，玛雅人认为这是非常不祥之兆，因此被作为发动战争的合理时机，至少对攻击者来说是这样。

卡拉科尔的侵略行为引发了一场激烈的战争，这类战争此后也在低地的许多不同城市之间多次上演。蒂卡尔和卡拉科尔之间这些冲突的年代，作为一种文化标志，可以看作古典早期结束的前奏，但冲突在古典晚期继续加速发展。我们很容易将战争解释为导致古典早期终结的动因，也很容易将其解释为在整个低地地区古典文化逐渐崩溃的原因。

卡拉科尔的 21 号祭坛记录了蒂卡尔的战败，这与蒂卡尔的间歇期相吻合，因此是可信的。尽管受到侵蚀，但这座重要祭坛上的文字提及北方的城市卡拉克穆尔，我们知道它与蒂卡尔有过一段时间的冲突。21 号祭坛的记录表明，是卡拉克穆尔幕后策划或至少支持了针对蒂卡尔的特殊和影响深远的"星之战"。卡拉克穆尔在争取卡拉科尔的联盟中赢得了政治上的胜利，很可能是对蒂卡尔出人意料地对其前盟友、有争议的城市卡拉科尔发动"斧之战"的报复。572 年的卡拉科尔 3 号石碑 [9] 上进一步提到卡拉克穆尔的阿豪及其个人的标志符号，由此确认卡拉科尔的结盟关系已经完成了从蒂卡尔向卡拉克穆尔的转变。所有这些事件对发生在低地的两种变化都至关重要：古典早期和古典晚期的区分以及政治格局的变化。

此外，588 年 [10]，在纳兰霍的 1 号门楣上记录了卡拉科尔王的诞生，这表明此时这些城市之间有着友好的联系。蒂卡尔的前盟友与蒂卡尔的敌人表现出友谊表明这两个最近的邻居之间的关系发生了变化。这个小事件对蒂卡尔来说不是什么好兆头。这表明军队正在加强，缓慢但坚定地包围了领主之城（City of Lords）蒂卡尔，形成了典型的夹击之势。

在 593 年和 672 年 [11] 之间，蒂卡尔东部和西部的遗址中的铭文都减少了，蒂卡尔之外的一切照旧是在友好的基础上进行的，尽管它们仍然敌视伟大的城市蒂卡尔。值得注意的是，蒂卡尔在这整个时期仍处于沉寂之中。来自卡拉科尔或者多处遗址（包括卡拉克穆尔）的统治，似乎是对这种沉寂的一个很好的解释。

672 年 [12]，多斯皮拉斯遗址在政治图景中冉冉升起，引发了更多关于蒂卡尔发生了什么事情的猜测。多斯皮拉斯记录了这一年它被蒂卡尔发起的"星之战"击败的事件，表明蒂卡尔已经恢复到足以发动这种侵略性的攻击的水平。碰巧多斯皮拉斯是一个渊源于蒂卡尔的新遗址，但却成为敌对方。有证据表明，蒂卡尔不仅是多斯皮拉斯的建立者的故乡，还是多斯皮拉斯整个政治飞地 [包括三处遗址，阿瓜特卡（Aguateca）、塔玛林蒂托（Tamarindito）和彭多德奇米诺（Punto de Chimino）] 的建立者的故乡。[13] 对多斯皮拉斯政权和蒂卡尔之间关系的一种解释是，蒂卡尔王室的附属成员意识到他们永远不可能统治中心都城，于是在古典早期的末期，他们从城市叛逃并在西部建立了一个新的基地。这些日期和遗址特有的标志符号表明，这股分裂势力在多斯皮拉斯建立了一个新的王国。多斯皮拉斯成立的时间与蒂卡尔与周边势力发生激烈冲突的时间一致。

此外，多斯皮拉斯也采用了蒂卡尔的标志符号作为自己的标志，似乎在称自己为"新蒂卡尔"。以我们西方人的思维方式来看，这强烈地表明，蒂卡尔美洲豹·爪家族的一名不满的成员叛变了，他／她意识到自己在中心首都掌权的希望渺茫，而中心首都又受到严重的政治和军事困扰。这位人物（或多位人物）使用蒂卡尔的标志符号，并开始建立新的联盟，特别是与已经对蒂卡尔怀有敌意的城市。

多斯皮拉斯遗址大约在 625 年出现 [14]，在它被蒂卡尔打败前大约 47 年。它的建立显然是在卡拉克穆尔的主导和支持下完成的，此时的卡拉克穆尔已经与蒂卡尔发生了冲突，并准备好帮助叛逃者。

王室内部的纷争和叛变对当时的统治者来说无疑是一个沉重的打击，因为蒂卡尔已经被周围的遗址所包围。如果没有像卡拉克穆尔这样强大的盟友的支持，对蒂卡尔城标志符号的盗取行动可能永远不会成功。

舒勒、格鲁伯和马丁对这些事件进行了令人信服的论证。588 年，蒂卡尔发现自己受到东南部的卡拉科尔、东部附近的纳兰霍、北部巨大的卡拉克穆尔以及西部的多斯皮拉斯政权的威胁，几乎被敌人包围。这座被围困城市与其最好的盟友相距甚远，帕伦克在最西边，科潘在最南边。

我们知道 672 年攻击多斯皮拉斯的首领是蒂卡尔的盾牌·骷髅一世（Shield Skull I）[努·巴克·查克二世（Nu Bak Chak）II][15]，他是蒂卡尔的第 25 位统治者，而这一事件发生在蒂卡尔的沉寂期。该事件的记录发现在多斯皮拉斯，最后一个在蒂卡尔有文字记录的统治者是第 22 位统治者蜥蜴头二世。由此可知还有两位不为人知的统治者，第 23 位和第 24 位。正如吉纳维芙·米歇尔指出的，这是一个非常模糊的时期，几乎没有线索表明这些不为人所知的统治者的身份。

　　陶器上的彩绘铭文提供了明确的线索，其中一件陶器来自蒂卡尔，另两件出处不明，涉及蜥蜴头二世统治下居住在蒂卡尔的一个小领主。[16] 这个小领主是一个萨哈，被称为"星星·美洲豹"（Star Jaguar），[17] 他可能是第 23 位统治者。这个人的儿子被称为"长鼻子"（Long Snout）[18]，他可能是第 24 位统治者。然而，这些只是一种推测，填补了一片模糊中的空白。由于蒂卡尔的战争和战败，这一时期的统治者可能是卡拉科尔的入侵者，来自卡拉克穆尔的不相关的征服者，甚至是美洲豹·爪家族本身被压制的后代。对此我们无从知晓。从古典早期到古典晚期的过渡和转变在蒂卡尔是一个比较模糊的时期。

第 9 章　美洲豹·爪王族归来：天才哈索·产·卡威尔

在蒂卡尔，沉寂的间歇期跨越了古典早期的结束和古典晚期的开始。直到第 26 位统治者哈索·产·卡威尔（Hasaw Chan K'awil）竖立起纪念碑，文字记录的黑暗终于结束。这位"伟人"的名字被粗略地翻译为"伟大天空的旗手"（Standard Bearer of the Great Sky），也可能是"天上的旗手"（Heavenly Standard Bearer）。692 年 3 月 15 日 [1]，这位伟大的统治者在蒂卡尔竖立了他的第一对纪念碑，30 号石碑和 14 号祭坛，打破了沉寂。然而，在长时间的沉寂结束之前，在古典晚期的头几十年发生了一些重要的事件。这一章说明了间歇期与古典晚期重合的情况，古典晚期一个更早的王和随后重新恢复荣光的哈索·产·卡威尔之间存在父子关系。

其他遗址的文本以及蒂卡尔更晚阶段的文本都讲述了古典晚期一位早期统治者的故事。这位统治者按次序是第 25 位王，被称为努·巴克·查克一世 [2]，现代昵称为"盾牌·骷髅"。在蒂卡尔还没有发现可以直接归属于他的铭文。

盾牌·骷髅 [3]

盾牌·骷髅（Nu Bak Chak I）的玛雅名字被舒勒和格鲁伯翻译成神谕·骨头·查克（"Oracle Bone Chak"），这个翻译还有待修改。这位国王不仅统治了很长一段时间，他还在外交和军事方面为蒂卡尔的复兴而战。来自皮德拉斯内格拉斯（Piedras Negras）、亚斯奇兰（Yaxchilan）、帕伦克和多斯皮拉斯的文本讲述了一些故事。他参加了城市西部的战斗，659 年 8 月在亚斯奇兰俘虏了敌人。[4] 这一定是非常困难的，原因有如下几个：距离蒂卡尔很远；远征军的后勤需求很大；以及蒂卡尔国内局势不稳定。

这场在亚斯奇兰的胜利的记录出现在皮德拉斯内格拉斯，皮德拉斯内格拉斯当时是卡拉克穆尔的盟友，而亚斯奇兰则受皮德拉斯内格拉斯统治。因此，盾牌·骷髅对亚斯奇兰的攻击是针对敌对的联盟的。

描述盾牌·骷髅对抗亚斯奇兰的战役和帕伦克的帕卡尔对抗波莫纳（Pomona，靠近帕伦克）的战役的文本表明，这两个重要的统治者之间存在联盟甚至是一种战友式的关系。这些西边的战役代表了蒂卡尔和帕伦克之间高度的忠诚。659 年 8 月 13 日 [5]，也就是亚斯奇兰战役的 6 天之后，盾牌·骷髅到达帕伦克，这一事件记录在铭文神庙的一块石板上。这处神庙是帕伦克最重要的公共记录来源之一，证明了帕卡尔对盾牌·骷髅友谊的重要性。

当帕伦克的帕卡尔在对抗波莫纳的地方战役中取得胜利时，盾牌·骷髅继续与卡拉克穆尔庇护的来自蒂卡尔的叛逃势力多斯皮拉斯作战。在 672 年 12 月 8 日 [6]，他领导了一场与多斯皮拉斯的战斗。多斯皮拉斯和卡拉克穆尔联合起来，于 677 年 12 月 20 日和 679 年 4 月 30 日 [7] 两次击败了盾牌·骷髅，在最后一次小冲突中盾牌·骷髅战死或被俘，这是最后一个与他的名字有关的确切日期。我们知道盾牌·骷髅的继承者是他的儿子哈索·产·卡威尔，我们猜想 682 年的继承一定是在盾牌·骷髅死后不久发生的。

在哈索·产·卡威尔在蒂卡尔留下的文本中，也有几次提到盾牌·骷髅的名字，这为他的身份提供了一个不寻常的线索。哈索在血统声明中用"父亲"一词指代他的前任，甚至称"美洲豹·宝座夫人"为哈索的母亲和盾牌·骷髅的妻子。这是一个非常明确的血统声明。然而，盾牌·骷髅在同一文本中也被称为"来自西方的人"，从他的历史中可以毫无疑问地看到，他在蒂卡尔的西部花费了大量的时间，甚至是大部分时间。

根据建造年代，盾牌·骷髅墓被确定为位于 5D-33-lst 神庙下的"23 号墓"，位于北平台之上、面向北卫城的神庙下。这座建筑在哈索·产·卡威尔建造起来的时候就高耸在大广场上，改变了大广场的宇宙形态，并为大广场的三大神庙的未来发展引领了道路。他父亲的纪念碑的竖立和他对导致他父亲死亡的政治事件的反应是哈索·产·卡威尔故事的一部分，下面是他的故事。

哈索·产·卡威尔（天上的旗手）[8]

蒂卡尔的第 26 位统治者在这座城市的历史中可以被称为"伟人"。他于 682 年 5 月 3 日登上王位。[9] 每年的这个时候，天气越来越热，云层每天都在东方形成，预示着夏季降雨的到来。他在这个时候开始成为该城市卡隆特的角色，最高级别的统治者。没有过十年，国王就建立了一座刻有碑文的纪念碑，结束了这座城市文字记录的空白期。在这几年里，他忙于重建之前失去的声望。其中一项活动是建造了 5D-33-1st 神庙，覆盖了他父亲的墓葬。

这个建筑没有确切的日期，它是这座城市的第一座真正伟大的神庙，也是第一个预示着玛雅低地新建筑风格的建筑（图 9-1）。这座建筑的升起标志着蒂卡尔命运的逆转，而这个事件涉及丰富的仪式，可以根据的墓葬的层位关系和环绕分布的窖藏来推测。在哈索的建筑项目开始之前，有一个更早的神庙建在暴风雨天空的墓葬上，暴风雨天空是哈索的祖先之一。这座墓葬及其神庙位于北卫城的神圣轴线上。暴风雨天空的神庙有两层台阶，楼梯两侧装饰着精美的面具，但仍然很低矮，无法掩盖卫城北侧的最高建筑 22 号神庙的宏伟。

在 5D-33-2nd 上方更高的建筑建成之前，北卫城的建筑形态一直作为自己的宇宙空间（cosmogram），一个亡者的世界，一个国王以神的身份统治的世界，专注于它自己的最高点——22 号神庙。建造在暴风雨天空墓葬之上的 5D-33 的原始神庙高度较低，但与 5D-22 位于同一神圣轴。

哈索·产·卡威尔改变了这一切。他选择了 33 号神庙作为开始一个新的宇宙空间的地方，并从他父亲的墓葬开始。23 号墓葬被深挖到山脊的基岩中，这已经成为蒂卡尔最神圣的地方，暴风雨天空墓的南面一点。墓葬的建设者不得不从现有的神庙向下挖掘，以构建盾牌·骷髅的最终安息之地。建造新神庙的仪式之一是为暴风雨天空最重要的纪念碑——31 号石碑举行神圣的葬礼。这块石碑在卡拉科尔篡位者占领期间被亵渎了。现在，它被虔诚地安置在古神庙内，并一同埋葬在新的建筑奇迹之下，仿佛古庙和古石碑也是已故的祖先。首先，石碑被放在古神庙后室的一个坑里。然后，神庙的屋顶被夷为平地，这是神庙重建的惯例，覆盖着石碑，就好像它是作为储藏室奉献给

图 9-1　5D-33-1st 神庙是第一座以蒂卡尔风格建造的神庙，也是哈索·产·卡威尔的第一个神庙，旨在覆盖他父亲盾牌·骷髅的墓葬。它位于北平台，面对着大广场。

将在上面升起的新建筑。宏伟的新神庙在神圣的祖坟之上继续建造。

与此同时，人们也为第26号石碑即"红色石碑"举行了类似的仪式，它宣告了第20或第21位统治者的荣耀，我们现在还不知道具体是哪位王。这一石碑遭受了与暴风雨天空的石碑相同的命运，哈索同时也想对其进行补偿，但没有完全埋葬石碑或夷平神庙。他致力于尊重和恢复被玷污的祖先的荣耀，无论他们是直系祖先还是仅仅是神圣王系的祖先。对城市的统治者来说，这是一个王朝复辟的时期。

这座建在其父亲墓葬之上的名为5D-33-1的神庙具有纪念意义，哈索为这个低地地区引入了一种新的建筑风格。高耸的阶梯平台支撑着一座只有一个门道的神庙建筑。对在广场地面上观看的人来说，视觉上强调了垂直的高度，这样神庙似乎被提升到天上。从哈索登上王位到他的孙子去世，估计有118年的时间。在这一时期，自5D-33-1神庙开始的新蒂卡尔神庙风格得到发展和普及，标志着这座城市的成就达到顶峰。

在短短的四年时间里，在玛雅低地发生了三件影响蒂卡尔未来的政治事件。第一，哈索·产·卡威尔于682年在蒂卡尔掌权，上文已经提及。第二，蒂卡尔伟大的盟友帕伦克的帕卡尔于683年年末去世。[10] 第三，卡拉克穆尔的一个名叫"火·美洲豹·爪"（Fire Jaguar Claw）的年轻人于686年4月3日登上王位。[11] 这些事件代表蒂卡尔在古典晚期最强大的力量的出现，蒂卡尔在西方失去了一个强大的盟友；以及一个满怀恶意的统治者在蒂卡尔最强大的敌对城市上台。

哈索的第一个主要建筑和一系列仪式是为了纪念死者和复位，但他的第二项任务侧重于荣誉时刻。在692年3月15日[12]，一处新的带有铭文的建筑群打破了间歇期的沉寂。这一铭文被发现在14号祭坛上，这座祭坛与30号石碑配套，属于被称为"M组"或3D-1组的双金字塔建筑群。这是蒂卡尔的许多双金字塔建筑群中的一处，遵循了一个更早的建筑序列，标志着神圣卡吞（katun，玛雅历法中的20年）的结束。奇怪的是，带有重要日期的14号祭坛上刻着一个巨大的卡拉科尔风格的阿豪脸，这种风格可能是在蒂卡尔统治时期引入的。令人好奇的是，古代家族血统的恢复者仍然会利用这个外邦的象征。在漫长的间歇期，蒂卡尔人可能已经习惯了这种"风格"。

哈索的一生及发生的非凡事件有各种各样的来源，并不是所有的来源都来自蒂卡尔。神庙 5D-33-1 和双金字塔建筑群 M 组（M-Group）的建设已经提及。这位不寻常的统治者建造或规划的其他主要纪念碑包括一号和二号大神庙，它们隔大广场相望，构成了蒂卡尔最著名的地标；另一处双金字塔建筑群结构称为 N 组，其重要性将在下文说明；位于雅典卫城中心的一座装饰华丽的宫殿 5D-57 号建筑很可能是他的私人住宅，也是他在蒂卡尔统治时期的王宫所在地。毫无疑问，还有许多其他由哈索建造的纪念性建筑，但至今仍未得到确认。这些建筑中的每一座都在蒂卡尔发展成为玛雅低地的主要都城的过程中发挥了作用。这些公共建筑的效果与哈索的军事征服结合在一起，以积极的方式改变了城市的外观和它在当时政治景观中的角色。这些变化对这座城市的历史至关重要，而哈索的统治可以说是这座城市已知的 31 位统治者中最重要的。[13] 最后一个有这么大影响力的王是美洲豹·爪一世，他在中央卫城建立了王系，直到城市废弃之前一直都在使用。哈索已知的上述六大建筑，也都保存下来，直到城市崩溃。

人们从各种各样的资料中了解到标志着哈索一生的一些具体的、重要的事件。这些活动包括一些重要的仪式、建筑工程和战争。它们的发生顺序已通过象形文字文本重建，其中大多数文本记录时间与事件发生时间并不同时。相反，它们是回顾性的，讲述过去的事件，在某些情况下是在他死后。主要的资料来源包括一号神庙的 3 号石板上的长文字，这座神庙是为了纪念这位统治者，并安置了他的墓室及随葬品。这里描述的事件发生的顺序，往往不同于它们被记录的顺序。

682 年 5 月 3 日，哈索·产·卡威尔以最高首领卡隆特的身份获得权力。一年之后，683 年 8 月 28 日，帕伦克最伟大的统治者哈纳布·帕卡尔（Hanab Pacal）去世了。由于帕伦克是蒂卡尔的重要政治盟友，可以说，他的去世对蒂卡尔的领导地位一定产生了深远的影响。

许多年以后，科潘一个叫 18 兔（18 Rabbit）的国王于 731 年在 A 号石碑上记录了科潘、帕伦克、蒂卡尔和卡拉克穆尔的国王头衔。哈索是那个时候蒂卡尔的统治者，已经离去世不多久了。著名的科潘文本中列举了四个城市作为玛雅世界的基石，其中三个城市之间是友好关系，只有一个与其他城市处于敌对关系，那就是卡拉克穆尔。

卡拉克穆尔的战败

一场战争扭转了蒂卡尔的命运，永远地改变了低地的政治面貌。哈索将这一事件记录在他的丧葬建筑一号神庙的 3 号门楣上，发生时间是 695 年 8 月 5 日。[14] 这场战争是一个重大事件，延续了 133 年前卡拉科尔攻击蒂卡尔以来的传统。金星的位置决定了发动战争的时间，这次战争针对的是长期存在的对手卡拉克穆尔。在持续多个卡吞的时间内，卡拉克穆尔一直在骚扰蒂卡尔，并与盟友包围这座城市。正是在卡拉克穆尔的支持下，卡拉科尔在间歇期之前击败蒂卡尔，所以敌对状态在 562 年就已经正式开始。在这期间的 130 年里，蒂卡尔一直处于文化衰落的状态，与卡拉克穆尔进行着热战和冷战。哈索记录的事件最终结束了蒂卡尔在敌对势力面前的痛苦时期。这场战争发生在卡拉克穆尔外一个未知的地点，对手是该城的统治者，火·美洲豹·爪 [15]（伊奇·阿克·卡克）[Fire Jaguar Claw（Yich'ak K'ak）]。我们在上文中讨论过这个名字可能存在的意义，它或许与蒂卡尔王朝有关，只是出现在敌对的城市中。从蒂卡尔的角度来看，击败卡拉克穆尔统治者是值得庆祝的，由此在蒂卡尔引发了一系列相关的仪式活动。蒂卡尔的领导人不会忽视期待已久的荣耀。

正式击败卡拉克穆尔统治者的 13 天后，695 年 8 月 18 日有记录显示卡拉克穆尔的一名叫亚·波龙（Ah Bolon）的官员被俘。[16] 这个与推翻卡拉克穆尔霸主相关的小事件被记录在中央卫城的宫殿 5D–57 号建筑的上部，据信这是哈索建造的房子。虽然事件不大，但却发生在胜利后整整 13 天。在 5D–57 号建筑上发现了哈索本人的画像（图9–2），画像中他身穿全副战甲。这栋房子可能是为纪念伟大的胜利而建，在建筑东端的上部有用文字描述了俘虏场景的细节。高度程式化的板状盔甲外观与旧式特奥蒂瓦坎式装甲有关。这很可能是蒂卡尔高地风格的最后遗留。这个悲惨的人是在大胜 13 天后被俘的，这很可能是在一个神圣的时间距离里对事件的一种礼仪性复述，而非现实的反映。

图9-2　5D-57号建筑一端墙壁下部的直立状石板的线图，描绘了身穿战甲的王。该建筑是哈索·产·卡威尔在中央卫城中心建造的一座宫殿。

　　在卡拉克穆尔的火·美洲豹·爪[17]被俘虏并杀死的40天后，又发生了三件事。这些事件发生在695年9月14日，记录在一号神庙的3号石板上。[18]这些事件在记录中的顺序是：首先，哈索坐在缴获的轿子里，这是卡拉克穆尔城市的象征，一种具有独特名字——努·巴拉姆·查克马尔（Nu Balam Chacmal）的神圣物品[19]（图9-3）。其次，"蒂卡尔的神圣君主"（Holy Lord of Tikal）哈索进行放血仪式。[20]再次，举行奉献仪式。虽然文本没有指出奉献仪式发生的地方，但它可能是在第33号神庙或其他地方进行的再次奉献。埋在那里的石碑是为了纪念哈索的直系祖先——暴风雨天空。仪式上的表演者被描述为"美洲豹王座夫人"（Lady Jaguar Throne）和"盾牌·骷髅"（Nu Bak Chak）的孩子，众所周知，他们是哈索的父母。

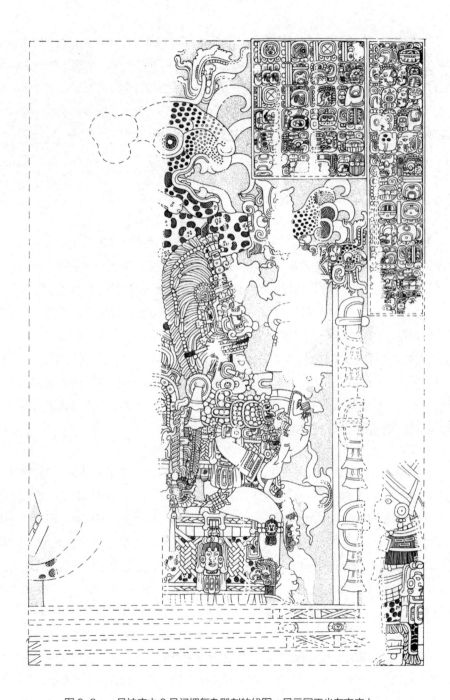

图9-3 一号神庙中3号门楣复杂雕刻的线图，显示国王坐在宝座上。

哈索的下一个被记录的事件发生在 695 年 11 月 30 日 [21]，也就是战胜卡拉克穆尔后的第 117 天，这个事件被记录在一号神庙下哈索墓（116 号墓）中随葬的一块雕刻的骨头上。文本称一个俘虏被名叫"分裂土地"（Split Earth）的人击败了，这个人的地名符号跟卡拉克穆尔非常相似。有迹象表明，一个亲近哈索的人被来自卡拉克穆尔的人打败了——这可能是对早些时候击败卡拉克穆尔的报复。[22]

王室的哀伤：五号祭坛上的故事

随着时间的推移，我们所知道的下一件关于哈索的重要事件是另一个双金字塔建筑群的落成，标志着玛雅历法中 14 卡吞的结束。这一组建筑靠近目前的四号神庙，但年代远在蒂卡尔最高的神庙建成之前。该组建筑在地图上被标识为"N 组"或"5C-1组"。对这一组建筑的发掘表明，其北边界位于一条现存的堤道的墙，该堤道通向一个未知的地点，但很可能是我们所知道的四号神庙的早期版本。[23] 这一有趣的证据表明，当 N 组建成时，它并不是城市中心的最西端。双金字塔建筑群建于庆祝哈索统治下 14卡吞的结束，即 711 年 12 月 1 日。[24] 虽然依照考古惯例，会按这个日期确定建筑的年份，但这一组建筑的修建必然需要时间，所以它在 711 年的落成将是建设项目的高潮。所有主要的纪念性建筑都是如此。

和所有的双金字塔建筑群一样，北面的围墙包含了一个王室石碑和伴随的祭坛。这里有描绘哈索身着盛装的 16 号石碑，以及躺在他脚下的 5 号祭坛。然而，祭坛上描绘的内容在蒂卡尔的双金字塔建筑群中是独一无二的，事实上在城市中的所有祭坛中也是如此（图 9-4、图 9-5、图 9-6）。5 号祭坛上的场景与之前或之后的雕刻完全不同。因其多重角色，该祭坛可能比其他任何祭坛都更重要，其上记录了哈索复杂生活的片段，并小心地放置，其位置本身也可以作为故事的补充。祭坛后来确定了一条中轴线，将决定大广场上一号和二号神庙的排列。

围绕祭坛边缘的一圈象形文字不可能包含要讲述的全部故事。在背景中还有补充性的石板，其上对故事进行了补充。场景中描绘了两个人，要么跪着，要么站在一个扁平物体后面，面对着对方，装束非常独特，无论是他们头饰上设计的徽章，还是他

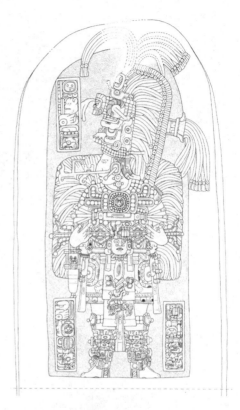

图 9-4 16 号石碑是在 711 年由哈索·产·卡威尔立在 N 组双金字塔建筑群中的，用以纪念第 14 卡吞。前面的祭坛是为了纪念他已故的妻子。

图 9-5 16 号碑雕刻详图。哈索·产·卡威尔身着礼服，戴着羽毛头饰和背架。到那时为止，他担任蒂卡尔的卡隆特已经 29 年。

们手中的具有象征意义的物品。在他们之间是整齐排列成扇形的人骨，顶部放置着没有下颚的头骨。文中提到哈索的妻子，可推测这些骨头是她的。这位女性的名字与城市其他地方记载的哈索儿子伊金·产·卡威尔（Yik'in Chan K'awil，统治者 B）母亲的名字不一样。关于哈索妻子（或妻子们，根据情况）的各种名字，还是一个未解之谜。5 号祭坛上的铭文非常复杂，但格鲁伯和舒勒已经破译了一系列符号，解读出它们所讲述的奇怪故事。左边的人物被解释为哈索本人，而右边的人物是一个贵族，很可能来自卡拉克穆尔。当时蒂卡尔和卡拉克穆尔仍然处于高度敌对状态，因为哈索在 16 年前杀死了卡拉克穆尔的国王。这些骨头被认为是哈索妻子的，她死于 703 年 5 月 24 日，

图 9-6　5 号祭坛上的场景图和铭文，与 16 号石碑共出。左边的人被认为是哈索，而右边的人来自卡拉克穆尔。

大约在供奉这座祭坛的 8 年前。文本显示这名女子被埋葬在托普克斯特（Topoxte）遗址，这是蒂卡尔西南的一座小城，坐落在同名的湖边。据推测，这是她的出生地，并被送回那里安葬。在卡拉克穆尔向现称为佩藤的地区进行军事扩张时，这座城处于其统治之下。在这种情况下，王室墓葬有被亵渎的危险，由于哈索在推翻卡拉克穆尔的行动中所扮演的角色，他的任何亲属都将成为这种亵渎的直接目标。5 号祭坛的复杂文本说明，卡拉克穆尔的国王护送哈索安全进入敌人控制的托普克斯特，以收集和取回这位王室女士的骨头，这暗示着卡拉克穆尔的国王与她有血缘关系，而不是婚姻关系，因此在停战协议下与哈索合作，将其遗体拯救出来（图9-7）。所有这些事件发生在卡吞结束前不久，卡吞奉献本身由此引发。

图9-7　特里·拉特利奇（Terry Rutledge）绘制的 5 号祭坛的场景复原图。现在人们认为，这一场景描述了捡出哈索已故妻子骨头的过程，骨头放置在两位国王之间。

这名女子的身份之谜涉及名字的使用。在 5 号祭坛上，最初的名字是娜·吞特·卡瓦克（Na Tunte Kaywak）。稍后在转移骨骼的背景中，给出了一个不同的名称。这两个名字都与哈索妻子的名字十二金刚鹦鹉女士（Lady Twelve Macaw）不同。这些多重名字的解释包括：哈索可能有多个妻子；该女子在托普克斯特和蒂卡尔的名字不一样；或者其中两个名字是头衔而不是专用名字。

格鲁伯和舒勒还指出，虽然我们对 8 世纪玛雅人的外交规则知之甚少，但这一解释表明，王室的骨头很重要，可能需要安排从敌人的领土上取回。这进一步表明，即使在敌对时期，主要政体也会彼此沟通，并达成休战协定。此外，记录这一功绩并将其展示在公共场所显然对哈索是有利的，因为公共场所通常用来展示被捆绑的囚犯。

除了 5 号祭坛上装饰内容的独特性外，分析显示人物的表面构形及其服饰都是按照整体直角三角形的几何规则布置的。通过几何规则进行规划的原则对蒂卡尔的建筑布局也很重要，特别是 5 号祭坛的位置与大广场的一号和二号神庙的关系（见第十二章）。

第 14 卡吞的结束被记录在 711 年 12 月 1 日的 16 号石碑上。5 号祭坛叙述的故事也结束于该日期。克里斯托弗·琼斯指出，尽管 16 号石碑下的窖藏在某个未知的时间被盗掘，但莱迪亚德·史密斯（Ledyard Smith）从该窖藏中找到了一把以往常见的黑曜石刻刀。威廉·R. 科据此从 16 号石碑复原了 32 号窖藏的内容，表明它们与蒂卡尔的其他石碑窖藏相似。在对双金字塔建筑群的调查中，琼斯深入探掘到石碑基座的更深处，发现了一些额外的、极不寻常的窖藏遗物，即许多人的骨骼。

石碑上描绘的哈索身着整套戎装，包括背架、大型头饰、项饰和胸饰，以及跟他墓葬中的随葬品一样的玉珠，带有交叉骨头符号的短裙，带有人头符号的腰带，满是装饰的凉鞋和脚饰。哈索将仪式棒水平放置在身体中部，同时头完全转向右侧，是蒂卡尔古典晚期典型的服饰和姿势（图 9–8）。

图 9-8 在失落世界建筑群 5C-49 号建筑中发现的古典晚期器物上的展示场景。以美洲豹皮作为贡品是宫殿管理功能的特点。

哈索生命中其他已知的日期和事件

哈索墓的随葬品包括一些雕刻精美的骨头。其中一幅画描绘了这样一个场景，哈索在一个独木舟上，而"桨神"推着船前进（图 9-9）。这一场面被解释为国王死后被带到阴间的场面，或者是纪念玛雅创世日的天文现象。由于没有证据表明哈索死于骨头上刻着的日期，后一种解释似乎更合理。

图 9-9 哈索·产·卡威尔的 116 号墓葬中随葬的刻纹骨头之一，画出了独木舟上"桨神"将死去的国王送往阴间的场景。

另一块骨头刻有 726 年 10 月 22 日这一日期，旁边的文字是为了记录多斯皮拉斯统治者的死亡，根据当时的其他文本，他是哈索的敌人。哈索可能是在庆祝敌人的死亡，或者，不管是不是敌人，一个亲戚的死亡。

在同一块骨头上还有另一个日期，大约三个月后，727 年 1 月 24 日，记录了一个重要女人的死亡，可能来自坎古恩（Cancuen）遗址。这个地方被认为是敌对方，即卡拉克穆尔的盟友，但她也可能是哈索的亲戚。

下一个卡吞的结束发生在 731 年 8 月 18 日，为了纪念它，建造了 O 组双金字塔建筑群并竖起了一块素面石碑。在哈索应该还活着的时候，却省略了这样一个重要事件的雕刻场景和铭文，这表明哈索太弱、太老或病了，不能参加落成典礼。蒂卡尔下一个有记录的日期是下一任国王哈索儿子的继任，也即 734 年 12 月 8 日，可支持这一推测。这比哈索生命中最后记录的事件晚了三年，我们必须记住，他最后一次公开日期是在纪念第 14 卡吞结束的 16 号石碑上，约 20 年前。介于二者之间的日期来自哈索墓中的随葬品，这些可能是他的个人财产，而不用于公开展示。

哈索为蒂卡尔贡献了两座伟大的建筑，即二号神庙的建设和一号神庙的规划。两座建筑各自的施工日期尚未明确，但它们对于城市的仪式和视觉呈现相当重要，迫切需要进行一些讨论。这两座伟大的神庙可能是同时建成的，或者至少是部分同时建成，因为它们被认为与城市中已有建筑需满足不止一种宇宙关系。例如，有两个伟大的名字被记录为哈索的儿子（伊金·产·卡威尔）的母亲。这个女人和 5 号祭坛上所记录的名字之间的关系仍然是一个谜，尽管我们倾向于相信 5 号祭坛上记录的女人和二号神庙记录的女人是同一个人。2 号门楣带有雕刻，残存的部分显示了一个穿着王室服装的女性形象，但没有文字保持下来（图 9–10）。该门楣的雕刻梁现藏于纽约的美国自然历史博物馆。在对大广场的发掘中，威廉·R. 科（蒂卡尔报告 14）通过地层确定，二号神庙的始建比一号神庙的始建早几年。这一点很重要，原因有很多。5 号祭坛上的日期表明，哈索的妻子死于 703 年，比她儿子继位（734 年）早 31 年，据推测接近哈索的死亡日期，但尚未在任何地方有明确记录。考虑到这段漫长的时间间隔，如果二号神庙确实是奉献给哈索的妻子的，那它很可能在哈索自己的丧葬神庙一号神庙之前开始建造（图 9–11）。

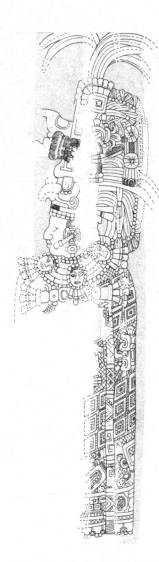

图 9-11 从二号神庙放有十二金刚鹦鹉门楣的房间中看到的
景色, 越过大广场向东眺望所见的一号神庙。

图 9-10 二号神庙出土的 2 号门楣
上刻画了哈索的妻子十二金刚鹦鹉
女士。雕刻在一号神庙和二号神庙
石板上的国王及其妻子的图像呈面
对面的状态。

关于一号神庙的建造年代有很多猜测。我们不确定它是在他最后几年为自己的死亡做准备而建造的，如同古埃及一样，还是在他死后由他的儿子建造的。文本提供的线索，尤其是那些在门楣上的线索表明，那是他为自己准备的纪念性建筑。此外，如上所述，事件的顺序显示，首先安置了 5 号祭坛，然后建造二号神庙，最后建造一号神庙，一切都是同一个人策划的，根据协调一致的设计，把女人和男人永远联系在一起。二号神庙的女性形象和一号神庙的男性（哈索）形象男着宽阔的大广场面对面相望。在考古学中，日期、铭文和墓葬等枯燥的证据很少让我们有机会窥见古代王室成员人性的一面。在这种情况下，爱情和忠诚在石碑和木碑上得到证明。

经过在二号神庙下面的发掘，并没有发现任何表明该建筑下曾有过墓葬的证据。这一反面证据进一步支持了柯金斯的解释，即这座神庙是为了纪念这个女人而建的，而不是供奉她的尸骨，就像 5 号祭坛上显示的那样。柯金斯还指出，蒂卡尔的某些神庙很可能用作纪念碑，就像我们在公园里纪念阵亡士兵的纪念碑一样。二号神庙就是这样一座纪念碑。

哈索最后安葬于 116 号墓葬，位于他最伟大的建筑成就——一号神庙之下。这个墓葬有可能是为死亡准备的，预留一条隧道作为丧葬仪式的入口。伟大的帕伦克国王哈纳布·帕卡尔早在半个世纪前，也就是哈索掌权一年后，就在去世前准备好了自己的墓葬。哈索可能参加了那次葬礼，并在 50 年后，以类似的方式准备了自己的墓葬。

如果哈索在他儿子继承王位的同一年去世，那么这位伟大统治者的统治持续了 52 年，巧合的是，这正好是一个完整的日历周期。将他与统治 68 年并在 80 岁出头去世的帕伦克的帕卡尔相比，两位统治者分别在自己的城市扮演了"伟人"的角色。

1962 年春采用隧道发掘的方式了解一号神庙的内部时发现了哈索墓。墓葬不是位于建筑的中心轴上，这一不寻常的事实使得它的发现推迟了。最终在建筑填充物中发现了一厚层燧石和黑曜石石片和石核，表明附近中心轴北部存在一座重要墓葬。在隧道的"底面"最终发现一块密封的压顶石。1962 年 11 月，在其封闭约 1228 年后，哈索墓以非常正式和谨慎的方式被打开（图 9-12）。

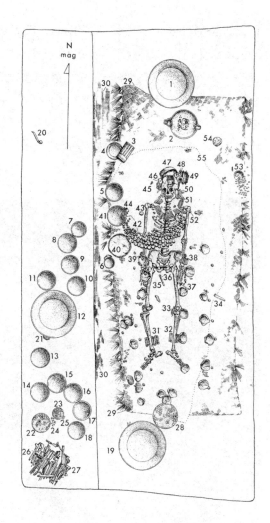

图 9-12 位于一号神庙之下的哈索·产·卡威尔第 116 号墓葬的平面图，有大量容器、玉珠和其他珍宝陪伴着"伟人"到地下世界。

当抬起这块石头时，发现它是一座大型拱形墓室的中心压顶石。其上绘有一个巨大的红色朱砂圆点，也许代表着太阳永远照耀着哈索的遗体。墓室的墙壁和拱顶的一部分已经倒塌，使得第一次进入墓室之前里面的遗物就已经受到扰乱。按照之前在蒂卡尔发掘到的墓葬的标准，这一墓葬规模很大，而且随葬品丰富。这名男性被单独安置在一个高台上，"用大量的玉、珍珠和贝壳装饰着，周围是丧葬设施"。奥布里·特里克（Aubrey Trik）的描述传达了发掘者们所感受到的敬畏之心："这些玉，其中一些颜色和质量都特别好，包括头饰上的饰板、管状项饰、手镯、脚镯和耳塞。"在脖子和胸部区域发现了许多保存完好的豌豆状和巴洛克式（baroque）的珍珠，可能最初是玉项饰的一部分。在其下胸部有一串令人惊讶的"项圈"，由114颗球形玉珠组成，直径从1英寸到2英寸不等，总重8.5磅（图9-13）。除了大量彩绘陶器外，还有一件玉片镶嵌而成的带盖圆柱形玉容器（图9-14）、一件海螺壳形状的雪花石膏盘、许多贝壳、板岩石板、黄貂鱼刺和有机物的残留物。

图9-13　奥布里·特里克是发现哈索墓时的现场负责人，他的工作是清理精美的随葬品。

这件玉容器是用玉片镶嵌而成，玉片之间的连接已经散乱，需要经过艰难的复原。在器盖上有 12 个象形文字，提到了哈索，并称他为"4 卡吞"巴塔布。在蒂卡尔，巴塔布这一头衔是"阿豪"的替代品，意思是"王"。把手呈人头形，是一幅由复杂的、微小的玉片制成的肖像，可能代表着国王本人。

统治者下面是美洲豹皮床罩，下面还有一张草席。上面提到的刻纹骨头是这座墓葬的一个不同寻常的、蕴含丰富信息的特征，提供了年代信息和一些非凡的图像。

其墓葬的内容，以及我们所知道的关于哈索的生活和影响的细节，将在未来几十年里继续成为讨论的议题。正如我们将看到的，根据哈索孙子的死亡时间（推测在 800 年），他的后代继承了他开创的工作，并持续了 66 年。尽管哈索并没有建造蒂卡尔最高的建筑，但他对风格和权力的恢复做出了比蒂卡尔任何一位已知统治者更多的改变和贡献。为了体现这种风格，他自己的纪念碑——一号神庙成了这座城市在现代的象征。

图 9-14　带盖的圆柱形马赛克玉容器是哈索墓中最精美的随葬品之一。盖子上刻有哈索的名字，推测盖子上的图像是他的肖像。

哈索对蒂卡尔的最后一个贡献在于一号和二号神庙的布局。除了在大广场周围形成一个以 5D-33 号建筑为北部焦点的新的三位一体的宇宙建筑（triadic cosmic group），它们的建造也满足了其他条件：一号神庙和二号神庙之间的中轴线与 N 组的 16 号石碑、5 号祭坛形成一条直线，从而建立了神庙与讲述了十二金刚鹦鹉夫人的故事的祭坛之间的联系。此外，这条轴线与 3D-43 号建筑形成了完美的整数直角三角形（三条边的长度比例为 3：4：5），该建筑是一座古典早期的神庙，其内有一座重要墓葬（图 9-15）。通过这种方式，哈索使用了一种几何结构将他自己、他的妻子和一个祖先连接起来，这种连接可能是真实的，也可能是出于政治动机。

图 9-15　特里·拉特利奇（Terry Rultledge）根据 16 号石碑上的图像，复原了盛装打扮的哈索形象。该石碑矗立在哈索的第一座神庙——位于大广场的 5d-33-1 号建筑前。

第 10 章　家务事：哈索的后代

哈索在公共场合表现出对妻子的爱，表明他是一个顾家的好男人。有意或无意地，他通过他的后代建立了一种传统，这些后代在许多方面展示了对"伟人"的崇敬。哈索新的神庙风格被子孙继承下来。在其指引下，蒂卡尔的公共建筑达到了新的高度，展示了这座城市的巨大财富和权力，同时通过具体的建筑规划，始终保持着对这一关键祖先的敬畏。

哈索的直接继承人是他的儿子伊金·产·卡威尔，他是第 27 王。他的出生记录显示，其父亲是哈索·产·卡威尔，母亲是"十二金刚鹦鹉夫人"（她的其他名字还有待考证）。在伊金之后，王系还不清楚，特别是因为仍然缺乏其中一个国王，即第 28 王的信息。此外，在蒂卡尔最终消亡之前，对其余少数统治者的名字有许多不同的解释，这也使得王系变得混乱。

伊金的名字不容易翻译。文字学家斯蒂芬·休斯顿（Steve Houston）提供了一种可能的翻译："黑暗的夜空"。按照玛雅给孩子特别是王室小孩取名的习惯，父亲走出产房并为新生儿寻找一个灵魂或纳瓦尔神的"标志"。我们能猜测出伊金是如何得到他的名字的。父亲哈索富有革新精神，不太可能满足于用人为的方式命名继承人。按照威望来说，美洲豹、蛇、蝴蝶或鳄鱼是很方便的命名对象，但哈索不得不满足于他所看到的："黑暗的夜空"。虽然在象形文字记录中没有确切的出生日期，但这个名字表明伊金出生在月黑之时，尽管蒂卡尔的夜空通常不被认为是"黑暗的"，光是星星的光辉就足以照亮夜间景观。因此，伊金必定出生在乌云遮住夜空的时节。

关于哈索的第一个继任者的统治，我们知道的足够多了，他比他的父亲哈索建造了更大规模的公共工程。他这样做的主要目的是纪念他的父亲。在蒂卡尔，伊金·产·卡威尔的统治很可能代表了古典晚期的成就和财富的顶峰。

伊金·产·卡威尔（统治者 B，亚克斯金·坎·查克）

在蒂卡尔有许多已知的日期与伊金统治时期有关。下面是我们所知道的，并能推理出的重建次序，合理地复原了这位见证蒂卡尔鼎盛时期的统治者的生活。

伊金于 734 年 12 月 8 日以查克特的名义在蒂卡尔即位 [1]，他父亲也被认为在这一年去世。这次事件在第 21 号石碑和第 5 号石碑上有记录。前者是标志那个时代石雕精美程度的一个极好的例子，但不幸的是，它只保存了部分（图 10-1）。位于主要建筑之前的石碑上的日期通常包括建筑本身的日期。与第 21 号石碑相关的是六号神庙（铭文神庙），这将伊金与这座非常重要的神庙联系起来。反过来，神庙将他与许多后来镌刻的日期联系起来，这些日期值得在下面按时间顺序单独描述。然而，21 号石碑的供奉是他生命中已知的下一个事件。这个日期是 736 年 7 月 22 日 [2]，它也被认为是建造神庙的日期，但可能不包括冠状屋脊，这将在后面讨论。

另一篇提到伊金即位日期的文本出现在第 5 号石碑上，包含了很多关于他的其他信息，包括他的出身情况。该石碑位于 5D-33-1 号神庙之前，该神庙由他的父亲哈索建筑，而石碑是在 744 年 6 月 10 日，伊金即位 3 年后竖立。[3] 这个日期还有其他重要的意义。即邻近的石碑（3 号石碑）所述事件的 13 卡吞周年纪念。这一事件的意义在于，该石碑是第 13 王（坎·阿克的一个儿子，伊金的一位杰出的祖先）在更早的 488 年 3 月 6 日竖立的。[4] 因此 5 号石碑通过地点和时间把伊金和他的过去联系起来。它是为了纪念他的父亲（建造了 33 号神庙的人）、他的祖父（埋葬在 33 号神庙下），其日期标志着他更遥远的祖先的一个事件。同一块石碑记录了伊金自己的直系家族史，但遗憾的是，没有记录他的出生日期。

图 10-1 21 号石碑上的复杂雕刻保存得很好，但只有一部分保存下来。碑文记载了 734 年伊金的即位日期。

5D-52-1 号建筑的门楣

雄伟的阶梯宫殿，通常被称为"五层宫殿"，是中央卫城南部边界的一部分（图10-2 和图 10-3）。它实际上是在不同时期建造的两个独立的建筑。与该建筑群相关的唯一文本来自较小的上层建筑第一层的中间门道。这是五层宫殿中最早的部分，象形文字日期为 741 年 6 月 26 日 [5]，与四号神庙门楣上的一个日期重合，因此一定属于伊金。宫殿的门楣显示一个侏儒在侍奉国王的场景，与一号神庙的 3 号门楣上的场景类似，也许是伊金模仿了或致敬他的父亲的另一个例子（图 10-4）。还描绘了两只现在被认为是鸬鹚的长脖子水鸟，这是一种在蒂卡尔古典早期相当流行的图像主题。

147

图 10-2　5D-52-1 号建筑的第一层大概是伊金在 741 年所建。后来又增加了两层。1959 年，这座建筑被森林覆盖。

图 10-3　5D-52-1 号建筑的北侧或后方，显示第一层砌筑石块和上部装饰石板保存良好。

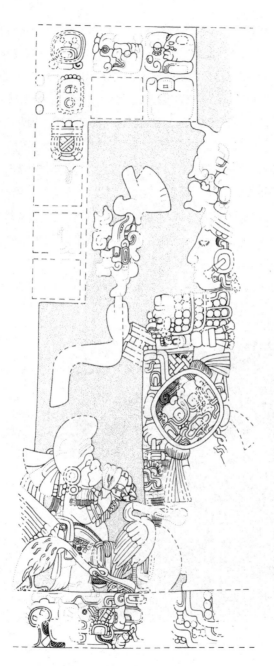

图 10-4　5D-52 号建筑 2 号门楣残存部分的线绘图，描绘了国王伊金由一个侏儒和一只鸸鹋陪伴的场景，这个侏儒可能是他个人的仆从。

　　5D-52-1 号建筑包含两排房间（room），后来又划分出更小的分间（chamber）。无论是最初的第一个故事，还是后来的两个故事，都没有证据表明曾有家庭居住于此。该建筑仅朝南开，越过包括宫殿水库在内的沟壑。当伊金开始建设的时候，新的建筑挡住了 5D-57 号建筑（我们现在知道这是伊金的父亲哈索的建筑）南面的美好视野。这种明显的仪式性的景观遮挡必然有着人类学方面的考虑，因为它表面上似乎是伊金对其父亲建筑不尊重的表现。新建筑的功能很关键，对此，我们只能猜测。该建筑的属性表明它是一个临时住所或静修之处。[6] 上部区域的装饰围绕着建筑的残存两端和后方，由简单的门楣组成，其上有程式化的太阳神齐尼奇·阿霍的眼睛，太阳神形象还可以见于伊金新建筑内石板的盾牌上。因此，当伊金完成这个新建筑时，从哈索的老建筑可以看到位于一处小型庭院南部的多个太阳神之眼图像（图 10-5）。

图 10-5　5D-52 号建筑上部装饰石板的细节。方角的设计可能是神灵齐尼奇·阿豪眼睛的抽象表现，他的脸也出现在同一栋建筑2 号门楣所描绘的国王的盾牌上。

伊金最伟大的建筑：四号神庙

四号神庙（图 10-6）是与伊金有关的规模最大的建筑。它在城市神圣空间的位置，以及装饰神庙内部第二和第三道门的两件门楣上的详细文字，提供了关于神庙的重要信息。这些门楣分别描绘了伊金本人的场景，显示国王坐在从两个不同城市缴获的轿子上，代表了两场不同战争的胜利。3 号门楣上的文本（图 10-7）还声称国王是哈索和他的妻子"十二金刚鹦鹉夫人"的儿子，证实了先前在 5 号石碑提及的父母关系。这些门楣上讲述的故事提供了一个迷人的（尽管是程式化的）处于低地玛雅荣耀顶峰的王室领袖生活的一瞥。这些文本讲述的是历史故事，可能经过了宣传粉饰，国王希望人们记住这些事件，因此它们是由一系列日期构建而成的。这一系列铭文对这座城市的考古而言是巨大的福音，与 31 号石碑和四号神庙一样重要。[7] 事件的进展在这里按照时间顺序列出，需在四号神庙的 2 号门楣和 3 号门楣之间来回阅读。

神庙本身从巨大的支撑平台的底部到现存的冠状屋脊高约 64.6 米（212 英尺），这使它成为新大陆现存最高的建筑。相比之下，埃尔米拉多尔（El Mirador）的蒂格雷建筑群（Tigre Complex）只有 55 米（181 英尺），而特奥蒂瓦坎的太阳金字塔略高于 61 米（200 英尺）。由于地面尺寸的大小，蒂格雷建筑群和太阳金字塔的实际体量比四号神庙大，但四号神庙是最高的。四号神庙是由七层大小递减的平台堆叠而成，中间有一处大楼梯通向神庙。神庙建筑的比例比作为原型的一号神庙、二号神庙和 5D-33-1 号建筑稍长和低矮一些，但只有一个门道。这种风格的神庙建筑被认为是从哈索开始的。由于莫兹利早年的清理工作，巨大的冠状屋脊的细节已经不清楚，但仍能看到端坐的国王的大型雕塑，面朝东方，俯瞰着城市的大部分地区（参见图 7-7）。

尽管尺寸不一，但神庙的平面布局在观念上是相同的，就像一号神庙和二号神庙一样，从前到后都有阶梯状的房间，有一个外部的内凹（side-inset），掩盖了第三个房间的存在（见第十二章）。从四号神庙可以看到所有其他的大神庙，三号神庙在附近，二号和一号神庙较远，五号神庙在右边或南边，在巨大的南卫城后面。

失落世界金字塔的重建使得这一巨大的建筑暴露在今天四号神庙的视野中。人们

图10-6 伊金最大的建筑工程是四号神庙，可能是为了纪念他的父亲而建。它是哥伦布发现美洲大陆前最高的建筑。

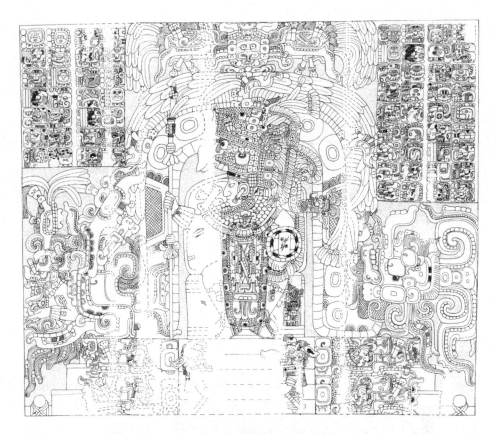

图 10-7　四号神庙 3 号门楣上雕刻的图画，显示出国王坐在一架缴获的轿子上，享受着胜利的荣耀。该场景与在一号神庙 3 号门楣上描绘的其父亲哈索的图像类似。

意识到，从这个有利位置向东看，在古代树木长势得到控制的情况下，蒂卡尔中心的一切都是可见的，而不像今天这样任由树叶覆盖着广场，原本设计为开放的空间已经被雨林遮挡起来。

神庙内有三道门将三间狭小的房间分隔开来，从前到后每一间都比前一间窄，就像蒂卡尔的大神庙一样。前门的门楣现已不存，其上被认为没有雕刻。那些原来在第二和第三个道上的门楣现藏于瑞士巴塞尔。在危地马拉城的国家博物馆中可以看到 3 号门楣的石膏模型。这些伟大的玛雅艺术杰作，包括一号神庙和二号神庙的门楣，现在必须在创作出它们的地方之外才能看到。门楣是用人心果树（zapote）的木头雕刻而成的，显然是在神庙外制作完成之后安装上去的。门楣上方的灰泥痕迹告诉我们，木梁用芦苇席包裹保护着，并用绳子捆绑以便于运输。这些复原的修建神庙所需的复杂工程的细节，只是揭示了与完成如此宏伟的建筑相关的能量、思想和设计的痕迹。从门道向外，远远超出城市的神庙区，可以看到位于蒂卡尔东部靠近巴约圣达菲的青松岭（the Pine Ridge）。早年的开拓者从东部（红色的方向）迁徙而来，沿着这一路线定居于此。除此之外更远处是位于邻国伯利兹的玛雅山脉（Maya Mountains）。玛雅山脉在蒂卡尔形成之初不是一个独立的政治实体，只是一个地理标志。该山脉的远端是与蒂卡尔间或保持友好关系的邻邦纳兰霍。

　　一件单一的素面石碑和祭坛竖立在四号神庙楼梯的基础上，就像位于二号神庙（也朝东）基础上的大型素面石碑和祭坛一样。

门楣上的日期和事件

　　四号神庙最早的日期是 743 年 7 月 28 日 [8]，来自 3 号门楣。其上记录了一次针对亚克萨哈·拉因·瓦卡（Yax Ha La'in Wakah）城的"星之战"事件，该城市可能是埃尔皮鲁（El Peru）遗址，或者是另一个西部的 1997 年 2 月才发现确定位置的遗址。[9] 与这一日期相关的文本主题是蒂卡尔国王伊金缴获被征服城市的神圣轿子。[10] 这与一号神庙（属于伊金父亲哈索的建筑）门楣上的主题和场景之间存在着非常有趣的相似之处。在两座神庙，都分别有一件雕刻了美洲豹保护神和羽蛇保护神的门楣。尽管两座神庙相对耸立，但一号神庙面向西方，而四号神庙则面向东方，美洲豹和羽蛇的相对位置也是如此：羽蛇图像位于东部而美洲豹图像位于西部。此外，美洲豹的形象也有所不同。在一号神庙，保护神是一个很大且清晰的动物形象，甚至可以看到尾巴的痕迹。四号神庙的图像则是很大的带有美洲豹标志（手臂和腿上的斑点）的人物形象。另一个可能的区别（还不是特别确定）是，四号神庙的两种门楣似乎都是与胜利和缴获敌人的轿子有关。而在一号神庙的 3 号门楣上，我们只发现在一座不同的城市（卡拉克穆尔）发生过相同事件（缴获轿子）的证据。由于缺乏完整的文本，一号神庙 2 号门楣上的庆祝事件并不清楚，但轿子这一元素和大量羽蛇图像确实共存于四号神庙的 3 号门楣上。虽然没有理由质疑四号神庙所记录事件的真实性，但它们是模仿一号神庙所记录事件的可能性不容忽视：有其父必有其子。

一天之后[11]，对从埃尔皮鲁（或那处新遗址）缴获的轿子进行了某种毁坏的行为。这可能是一个神圣的仪式，目的是把神圣物品从其来源地脱离出来。文本以蒂卡尔的国王伊金回到家而结束。

大约 6 个月后[12]，在蒂卡尔一次接近日全食的 15 天后，又有一个仪式被记录下来。这一仪式似乎是伊金将贡品放置在窖藏盘中，但它的时间与征服有关，这是四号神庙 3 号门楣叙事的重要主题。

一天后，在 744 年 2 月 4 日[13]，一个新的"星之战"事件被记录在 2 号门楣上。这次攻击对象是蒂卡尔以东的纳兰霍城，攻击目标是纳兰霍的守护神。再次涉及被攻击城市的神圣轿子。记录显示纳兰霍的一位著名国王亚克斯·梅·坎·查克·萨克·楚恩（Yax May Kan Chac Sak Chuen）被俘，他的轿子也被缴获。这一事件的主导者又是蒂卡尔的伊金。

在缴获埃尔皮鲁（或另一处遗址）的轿子三年后[14]，伊金又举行了另一个仪式来纪念他统治时期最重要的成就。这一仪式唤起了缴获轿子之神（现在被认定为蒂卡尔的查克特神的"重生"）。这在宗教和政治上的影响都是惊人的。由于被缴获，这个被视为外邦首都之神的无生命物体，通过仪式变成了蒂卡尔之神。文本中描述了伊金被抬上带有自己名字的轿子，并在蒂卡尔的大广场上跳舞。也许这是周年庆典，庆祝轿子的缴获和对遥远城市的征服，同时将这一神圣物品供奉给它的新家蒂卡尔。

第二年，即 747 年 3 月 7 日[15]，我们得知伊金举行了一次非常类似的活动，但这次是缴获纳兰霍轿子的周年庆。这次仪式包括国王羽蛇幻像的体验，就像在亚斯奇兰描绘的一样。[16]

我们只能猜测四号神庙和一号神庙门楣文本相似之处的意义，许多学者都相信，就像一号神庙一样，四号神庙可能是伊金的丧葬建筑。尽管如此，至少在一个方面，他显然是在效仿他的父亲，以最引人注目的方式记录征服的事迹。四号神庙是蒂卡尔有史以来最高的建筑，它被特意地设置在空间中，不仅面对着神圣祖先哈索的住所——第一神庙，且两座神庙门对着门，之间（之前或之后）没有任何建筑遮挡了视线，同时也在某种程度上与早期重要神庙形成了特殊的几何构造关系。第 12 章将描述蒂卡尔建筑的几何构造。

四号神庙门楣上记录的日期跨度略少于四年。我们不知道该建筑的建造日期，尽管根据各种来源提出了一个可能的日期，即 741 年，与伊金在中央卫城建造的另一座建筑 5D-52-1 号建筑的已知日期一致，这在前文有过表述。但在蒂卡尔，人们总是会提出一个问题，那就是大神庙的建造日期与其门楣上记录的日期不同。产生这个问题的原因涉及一个很有趣的问题，即玛雅人是如何建造并完成如此规模的神庙的。就像古埃及金字塔一样，建筑工程显然是一项浩大的工程，不是几个月就能完成的。关于门楣上记载的日期和这座巨型建筑建造的可能日期，一号和四号神庙都存在同样的解释问题。对于这两处神庙，都有学者在争论门楣上的事件日期比可能的完工日期要晚几年，表明门楣是在施工几年后安装上去的。但我们所知道的施工顺序不支持门楣是后期安装的。这意味着如果门楣是在安装之前雕刻的，那么第四神庙实际上是在 747 年 3 月之后不久才完成的。

由此宣告了伊金建设的最大型的纪念性建筑上的文字记录的结束，但这绝不是我们最后一次听到他的消息。

1 号柱形祭坛 1962 年，我在二号神庙以西的西广场（West Group Plaza）区域发掘出一座小型的雕刻纪念碑。这件小而精致的纪念碑被发现在一个经过改动的位置上，水平放置在大而正式的通往高台宫殿建筑（5D-15 号建筑）的楼梯上，这座宫殿建筑标志着西广场的北边界。这座小祭坛可能是在后古典时期被放置在如此显眼的公共位置上的。很明显它不属于这里，而是在文明崩溃后的疯狂中，从其他地方搬出来，以拙劣地开展古老的仪式。大多数学者都认为，这座纪念碑原先是球场的标志，很可能来自东广场的球场，因为那里发现了另一座类似的纪念碑。这座纪念碑几乎完好无损（图 10-8），雕刻非常精细，表现了一个被绑着的坐着的囚犯。8 号祭坛也有相似的雕刻，也显示了一个被捆绑的囚犯，可以追溯到伊金的双金字塔建筑群（3D-2 组）稍晚的年代。据推测这两座纪念碑是同一位艺术家雕刻的。

图 10-8　1 号柱形祭坛，出现在西广场的次要位置，可能是一个球场的标志，描绘了伊金的一次小胜。

其上铭刻的日期是 748 年 12 月 10 日[17]，文本记录当时俘虏了一个名叫查克·托·瓦比·乌克·祖克（Chac Toh Waybi Wuk Tzuk）[18]的贵族，可能来自纳兰霍，因为他的名字也不止一次出现在纳兰霍遗址出土的陶器上。

3D-2 号建筑群　标志着第 16 卡吞（751 年）结束的双金字塔建筑群被称为"P 组建筑"，或 3D-2 号建筑群。这组建筑，包括带雕刻的 20 号石碑和 8 号祭坛，是由埃德温·舒克（Edwin Shook）在 1937 年发现的。该建筑群位于北区的西侧，地图上也将其命名为 H 组建筑。这处非常重要的蒂卡尔建筑群位于迈尔（Maier）和莫兹利（Maudslay）堤道的交汇处。这些堤道也可能是伊金所建，但还没有确切证据。双金字塔建筑群位于大金字塔神庙 3C-43 号建筑西侧，位置显著。我们今天看到的大神庙金字塔肯定是年代较晚的，在它旁边的双金字塔建筑群的布局表明在这个位置存在着一个更早的神庙。1978 年进行的发掘表明，3C–43 号建筑中有一个非常重要的古典早期的组成部分。根据城市的宇宙布局，该地点是北方顶点，是"天国"的最终位置，就如同双金字塔建筑群的北侧是国王安葬之处，或如同北卫城代表大广场中央神圣空间以北的天堂安息之地。对于整个遗址来说，3C–43 号神庙是最北之处。

20 号石碑展现了统治者的整个侧面形象，面朝他的右边，很像 21 号石碑，也是为了展示伊金的荣誉而立。伊金右手持一根垂直的杆子，杆的末端是一个三刃武器，而他的左臂则靠着一个小盾牌。他站在一张带着美洲豹面孔的宝座前，下巴下打着一条"领带"，左手拿着一个袋子，其内可能装有熏香或烟草。他巨大的背架上有一条弯曲的人腿，就像他早期的 5 号石碑一样。这种分离的人腿的图像一定是为了彰显他的凯旋。

在通往北组建筑的迈尔堤道的北端，有一件非常大的石雕，在蒂卡尔仅此一件，雕刻在裸露的坚硬基岩上。描绘了两个人物，其中一个是囚犯。随附的铭文虽然被侵蚀了，但另一个人物可能是伊金。[19]

六号神庙：铭文神庙

铭文神庙注定是一个伟大的神庙，因为它规模壮观且有门德斯堤道与中心区域相连。这是蒂卡尔大型神庙的最后一次发现，是宾夕法尼亚发掘项目的负责人安东尼奥·奥尔蒂斯（Antonio Ortiz）在 1957 年发现的。虽然据测量超过 25 米（80 英尺）高，这座神庙与蒂卡尔的其他大神庙有很大的不同。它有三个门，整体矮而宽，其风格特点与哈索之前的建筑风格接近（图 10–9）。但引人注目的冠状屋脊高 12.5 米（40 英尺），位于其后面的中部石板上刻有该遗址最长的铭文之一。铭文是我们重建城市历史的主要来源，所以这块石板非常重要。这座两开间的神庙面朝西，面对着一处有围墙的大庭院，没有其他有意义的建筑。门德斯堤道从东广场的东南角开始，沿着一个被 G 组建筑（一处宫殿建筑群）打断的长长的斜坡向下延伸，在庭院的北侧结束，该庭院正对着六号神庙（图 10–10）。

　　21号石碑和9号祭坛位于神庙阶梯的前面，面向西方。虽然仅残存一半，但仍有足够的文本可以证明21号石碑是伊金的纪念碑之一，其位置表明它可以指示神庙的落成。在冠状屋脊的伟大铭文中也提及伊金。有可能屋脊是由后来的国王在稍后的年代添加的，但尽管如此，纪念碑的建造与伊金息息相关。由于门德斯堤道和G组宫殿建筑形成了一个整体，这些也与这位统治者有关。

图10-9　六号神庙，即铭文神庙，是伊金所建，很可能是他的丧葬建筑。带铭文的冠状屋脊被认为是伊金死后添刻的。

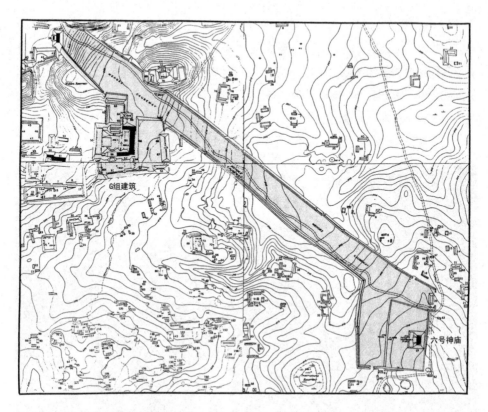

图 10-10　阴影区域表示一组属于伊金的建筑，它们由门德斯堤道连接。包括靠近堤道上端（左）的
G 组建筑和堤道底（右）的六号神庙。

六号神庙上的神秘年代

　　大量铭文中所记载的时间跨度超过了 1905 年，包含了雕刻这些文字的玛雅人的神话时代。[20] 有些年代涉及更晚的保留在口头传统的历史事件。

　　神庙的选址很可能与最早的神话年代有关。克里斯托弗·琼斯[21] 认为蒂卡尔最早的定居点位于神庙所在的位置，帕特里克·卡伯特也证实最早出土陶器的废弃堆积就出自六号神庙区域。在铭文中，玛雅人是否试图重新创作出遗址定居的全部故事，跳过了大部分中间部分，但讲述了早期的定居史，然后将其与同时期的事件联系起来？选址本身可能是为了在第一次到达蒂卡尔之处建立一座纪念碑。

最早的年份是公元前 1139 年 [22]，蒂卡尔可能是第三章中描述的那些小村庄之一，尽管它比该遗址的任何考古证据都要早。如果这是蒂卡尔真正的始建日期，那么这一记忆一直保存到 8 世纪是非常了不起的。另一种说法是，该年份只是一种神话猜测。

下一个年份是公元前 457 年 [23]，落在前古典中期的特赞克（Tzec）陶器时期，蒂卡尔肯定是在这一时期开始出现定居的。第三个年份是公元前 156 年 [24]，属于前古典晚期，那时北卫城已经成为成熟的神圣实体。[25] 这些早期的年份后面都带着一个蒂卡尔的标志符号，强烈地表明它们代表了聚落发展过程中的早期历史事件的概述。这些事件究竟是什么仍然是一个谜。

在六号神庙冠状屋脊上接下来的 5 个年份也雕刻在大广场北平台的各种石碑上，所以很容易追溯到伊金身上。这些记录是在 514 年到 528 年之间的一些吞结束的日期（tun-ending date）和其他未知事件。[26]

残存文本在本质上是历史文献，内容涉及伊金的生活，包括他母亲十二金刚鹦鹉夫人（哈索生命中的浪漫人物）的名字，以及伊金生命中的第 4 卡吞，这意味着他年纪已经超过 60 岁。在这一序列中，最后两个年份正好是伊金的儿子亚克斯·艾因二世（Yax Ain Ⅱ）或 C 王继承王位的前三年。这一历史序列中最后记录的日期是 766 年 2 月 15 日。[27] 这个日期与伊金 21 号石碑上的日期之间有整整 30 年的间隔。冠状屋脊本身可能是伊金死后建造的。另一种可能是伊金自己在他晚年的时候加上去的，从而把他自己放在了蒂卡尔的整个历史长河中。毫无疑问，神庙本身及其附属的石碑和祭坛都是伊金的建设项目之一。

伊金的不朽建筑工程是惊人的，在数量上甚至超过了他父亲。东部六号神庙和城市最西边四号神庙的建设，形成了一种新的扩张体系。与一号神庙、二号神庙一样，四号神庙和六号神庙面对面耸立。在北区，四号神庙、六号神庙和 3C-43 号建筑之间存在已知的几何关系 [28]，组建了一个新的三件组，紧紧追随哈索在大广场上的一号神庙、二号神庙和 5D–33–1 号建筑。几何布局在城市规划中的作用将在第十二章中更详细地讨论。

综上所述，伊金对蒂卡尔的建筑贡献包括四号神庙、3D–2 号建筑群、5D–52–1号宫殿建筑，六号神庙，可能还包括附属的冠状屋脊。根据推论，还必须包括门德斯堤道、G 组宫殿建筑群（可能是伊金的私人宫殿），可能还有迈尔堤道，包括被认为是伊金肖像的巨型石雕，以及东广场的"市场"。

伊金的埋葬之处

这位伟大统治者的埋葬地点在哪里是一个复杂而未解决的问题。他所建造的大神庙，四号神庙和六号神庙，其中任何一座都可能是他的丧葬建筑。在缺乏发掘的情况下，两者都有反对的理由。唯一被考古学验证过的朝东的大神庙是二号神庙，在那里没有发现墓葬。基于这个单一的例子，得出蒂卡尔所有三座朝东的大神庙（二号、三号和四号神庙）都是纪念碑的结论是有风险的，但这种可能性是存在的。虽然四号神庙的铭文表达了对伊金自己的功绩的庆祝，但纪念碑的选址是为了向他已故的父亲哈索致敬，这是建筑存在的一部分。我们仍然不知道在四号神庙或三号神庙下有没有墓葬。

196 号墓中人物的身份很重要，因为根据墓内的随葬品可知它显然属于王室成员。该墓是尼古拉斯·赫尔穆特（Nicholas Hellmuth）在 5D–73 号建筑下发现的，该建筑本身就非常奇怪。它位于二号神庙的南面，有着金字塔式平台，但平台上并无建筑。这座金字塔的高度堪比北卫城的许多神庙，但为什么在顶部没有任何石头建筑的情况下，却埋藏着一座奢华的王室墓葬？根据墓葬随葬的陶器，以及陶器之外器物的风格设计，可将墓葬年代定为与哈索墓（葬在一号神庙下的 116 号墓）同时或稍晚。因此墓葬的年份大致对应于伊金埋葬的时间。墓主是一个成年男性，脸朝上，头朝西（图 10–11）。墓中的随葬品非常精美，可与 116 号墓相媲美，包括一些真正非凡的彩陶和一件雕刻有婴儿美洲豹（baby jaguar）的玉器。还有一件特别非凡的器物。这是一个带盖的镶嵌圆柱形玉器（图 10–12），与上文描述过的哈索墓中的同类器差不多。116 号墓随葬的玉容

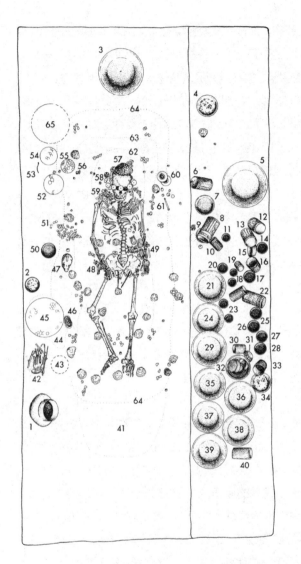

图 10-12 196 号墓葬中的马赛克玉容器与 116 号墓葬（哈索之墓）中发现的一件玉器有很大的相似之处。但却描绘了一个女性（可能是哈索的妻子）。

图 10-11 在大广场第二神庙南侧 5D-73 号建筑下发现的 196 号墓的线图。很明显，这是一座王室墓葬，这个男性人物在某种程度上与哈索和伊金都有关系。

器上有男性人头作为盖子的把手，还有一段刻有哈索名字的铭文。而196号墓的玉容器没有铭文，器盖上的人头与玛雅女性的特征（尤其是发型设计）相匹配。从圆柱形容器外壁伸出的突起被一些人解释为生殖器，但其设计的复杂性暗示了一个更抽象的概念。这两件分别出自116号墓和196号墓的器物看起来像同时制造的一对，分别代表男性和女性。代表男性的那件被放置在哈索墓（图9-14）。第二件带有女性头部的容器可能代表哈索深爱的妻子，在她死后，她受到了相当多的关注，包括建造二号神庙。伊金可能把带有父亲形象和名字的容器放在父亲的墓葬里，但保留了代表母亲的那件，放在了另一座墓葬里。196号墓埋葬在紧邻并朝向二号神庙（母亲的纪念性建筑）的建筑中，这一事实令人信服。问题仍然是196号墓的墓主是谁（图10-13）。正如有些学者推测的，墓主可能是伊金自己，或者是伊金的另一个没有当过国王的弟弟。[29]埋葬于196号墓的也可能是另一位统治者，他在伊金之后继位。

与伊金神秘的墓地相关的问题是北区3C-43号建筑的归属。该建筑与四、六号神庙的组成三件组，强烈表明这座北部的建筑是伊金更大的建筑规划的一部分。但我们对这座大型古典时期神庙的年份知之甚少，只知道它与四号神庙、六号神庙、一号神庙的地理关系，以及一座重要的古典早期建筑是它的基础。[30]

六号神庙冠状屋顶上的倒数第二个日期与一个事件有关，舒勒和格鲁伯对此有非常恰当的解读。该日期是766年2月12日[31]，文本上提到："第28王将烟引入威比尔（waybil）神龛。"有两点很重要。烟进入神龛描述了一种与死亡有关的仪式，伊因是第27王，而不是第28王。第28王是他的继任者，在位时间短暂，我们不知道他是谁，也许是伊金的第一个儿子，也许是埋葬在大广场5D-33号建筑下的196号墓墓主。这意味着，冠状屋脊上的整个铭文是由第28王添加的，记录了伊金的生活，仅在最后这句话中提到了他自己，这句话涉及与埋葬伊金有关的死亡仪式。

蒂卡尔历史上的下一个年份是768年[32]，也就是22号石碑竖立两年之后，这是一个回溯的日期，讲述了伊金的儿子亚克斯·艾因二世继承蒂卡尔的王位。这中间的时间由未知的第28王粗略地填补，但记录是不完整的。伊金的埋葬地点仍然是个谜，但最有可能是在六号神庙下面。像一号神庙一样，六号神庙也面朝西方，朝向死亡和阴

图 10-13 196 号墓中遗骸的特写，显示了这位国王佩戴的珠宝相当丰富。

间的方向。伊金在许多方面都模仿了他的父亲，包括为城市开拓一个新的更大的宇宙空间。因此，六号神庙是更合适安葬他的场所。

第 11 章　最后的三个国王

　　蒂卡尔王朝统治的最后还挣扎了一个多世纪，在这段时间里，只知道三位国王。他们是：伊金的儿子，现在被称为亚克斯·艾因二世；建造三号神庙的国王，现在被称为努·巴克·查克二世（Nu Bak Chak Ⅱ），或称盾·骷髅二世（Shield Skull Ⅱ）；最后是哈索·产·卡威尔二世（Hasaw Chan K'awil Ⅱ），很明显是以蒂卡尔的"伟人"命名的。这一章讨论了最后三位国王的贡献，尽管能复原的历史甚少。随着蒂卡尔的财富开始衰退，统治者的信息变得匮乏。建筑项目更少，而帮助复原历史的铭文也更少。这个倒数第二个时期是蒂卡尔玛雅人所记载历史的终结。最后一个时期没有历史，完全是通过考古恢复的。

亚克斯·艾因二世（C 王；齐塔姆；阿克）

　　伊金的儿子有很多个名字。最早的调查中其父名符号被认为是一种动物，但对动物的识别随着时间的推移而变化。起初被认为是野猪（peccary），从玛雅语得到了该野兽的名称，在乔尔语中是"齐塔姆"（Chitam），在尤卡坦语中是"阿克"（Ak）。[1] 在 1995年的奥斯汀小组会议上，这个象形文字被重新解释为鳄鱼，重新引入了古典早期的"卷鼻"的名称。因此，蒂卡尔统治时期的一位英雄在他去世 357 年后又在名义上复活了。这些早期英雄的纪念碑保存在大广场上，不仅记载着他们的名字，还记载着他们的丰功伟绩。如此早的一个名字的复活很可能反映出，在城市的命运再次下滑之际，人们试图恢复黄金时代。正如我们所知，亚克斯·艾因二世的不朽的公共工程仍然是对这座城市布局的主要贡献，但有迹象表明，随着其父亲的去世，最辉煌的时刻也随之而去。

亚克斯·艾因二世的公共工程分为两种，一种是通过相关的铭文确定的，另一种是通过地层学和考古学推断的。后者是数量更多的，也更重要，但它们并非无可争议。

其中包括两处独立但相邻的双金字塔建筑群，分别标记着第 17 卡吞和第 18 卡吞的结束，中间间隔了 1 卡吞（20 年）。这些纪念性建筑是亚克斯·艾因二世在卡吞结束时宣称自己是统治者的宣言。[2] 由于在地理上相邻，这两处建筑在地图上被统称为"E 组"，包括 Q 号建筑群和 R 号建筑群。这两处建筑非常引人注目，因为它们是蒂卡尔两处最大的双金字塔建筑群，而且，从位置上看，也是现代游客在现场可以看到的第一处建筑。

如前所述，亚克斯·艾因二世的继位日期是 768 年 12 月 25 日 [3]，这是 Q 号建筑群（两组中较早的一组）第 22 号石碑上提供的日期。在这个时间之后只有两个固定的日期，分别来自于两处双金字塔建筑群的供奉石碑。

4E-4 组建筑（Q 号建筑群）

该建筑建于一号神庙东北约半公里处。其位置位于哈索建造的 4D-1 组（O 号建筑）正东部，该位置可能被认为是吉利的。Q 号建筑群是蒂卡尔有史以来最大的双金字塔建筑群（图 11-1、图 11-2）。它耸立在一处占地 1.88 公顷的高台上，几乎是在它之前的 R 号建筑群的三倍大。供奉给 Q 号建筑群的纪念碑有 22 号石碑和 10 号祭坛（图 11-3、图 11-4），其卡吞结束的日期是 771 年 1 月 20 日。[4] 其艺术风格与 21 号石碑非常相似，大约 35 年前，亚克斯·艾因二世的父亲将 21 号石碑竖立在六号神庙之前。和蒂卡尔的许多石碑一样，雕像的侧面朝观众的左边，也就是西面。亚克斯·艾因二世从他的右手撒下水滴状物品，这个手势被解释为放血仪式或某种固体的撒落。在这种情况下，该场合是见证卡吞年（20 年）的胜利完成。其传递的视觉信息的本质是："在我的指导下，我们成功地度过了又一个 20 年，我们对此表示感谢。"

虽然亚克斯·艾因二世称伊金为他的父亲，但在这篇文本中，他没有提及母亲，伊金也没有这样提到他妻子的名字，所以我们对这个重要的女人还不清楚。

图11-1 诺曼·约翰逊（Norman Johnson）在1959年绘制的Q号建筑群的复原图。北面有石碑围墙，南面是一处开有九门的宫殿。该建筑代表了一个宇宙（world cosmos）。

图11-2 双金字塔建筑群Q号建筑群的东金字塔是蒂卡尔唯一复原的此类建筑。有四层楼梯，每一层都可以到达平坦的顶部。

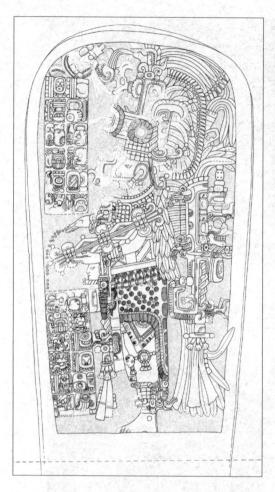

图 11-4　22 号石碑和 10 号祭坛发现于 Q
号建筑群的北围墙，这是蒂卡尔旅行的第一
站。

图 11-3　位于 Q 号建筑群北围墙的 22 号石碑的线绘
图，亚克斯·艾因二世在这一天纪念第 17 卡吞的开始，
时间是 771 年。

4E-3 组（R 号建筑群）

二十年后，亚克斯·艾因二世在他最宏伟的 4E-4 组建筑以西处，修建了另一处双金字塔建筑群。新建筑并不是在高台上建造的，在规模上有点小。其结果是，人们往下走向了一个似乎小得多的纪念性建筑。东金字塔几乎与更早更大的金字塔群的平台相连，而西金字塔则毗连迈尔堤道建筑的一个中断处。整个金字塔群似乎夹在堤道和更早的 Q 号建筑群之间。

奉献铭文记录在第 19 号石碑上，旁边是 6 号祭坛。铭文包括第 18 卡吞结束的日期，这是整个建筑群纪念的日期，即 790 年 10 月 7 日。[5] 亚克斯·艾因二世的形象也是对 21 号石碑以及近在眼前的 22 号石碑的模仿。虽然严重侵蚀，但可见设计的相似性很强。

祭坛里出现一个新的元素。其上未发现通常都会有所表现的被捆绑的囚犯，却在边缘雕刻了 4 名显然不是囚犯的显要人物。这让人想起科潘的 Q 号祭坛，其上描绘了科潘的整个王系，从创建者到现任统治者依次坐着。在 6 号祭坛上只有四个人物，它们被巨大的符号嵌板（glyph panel）隔开，可惜的是，难以辨认。

亚克斯·艾因二世在 22 号石碑上自称是第 29 位统治者。他统治时期的遗迹相对缺乏，这表明他控制财富以建造大型公共建筑的能力有所下降。只有这两处双金字塔建筑群包含了具体的相关日期，并可以确定是由他建设的。不过可以通过地层学（将它们与他父亲的建筑联系起来）或风格元素，推断出其他更大的建筑在他统治时期内建成。其中包括五号神庙和位于中央卫城中心的令人印象深刻的"迈尔宫殿"（5D-65 号建筑），迈尔宫殿以世纪之交的一位探险家的名字命名，他将自己的名字刻在了宫殿一扇门的门柱上。这两处建筑通过形式和装饰的风格细节联系在一起，包括饰面石板的图案和两处建筑上部的面具（masks），尽管一处是宫殿，另一处是神庙（图 11-5、图 11-6）。此外，这些建筑之间还存在一个非常强的几何关系，表明它们是同时建造的。[6]

图 11-5 （左图）在前景中，从迈尔宫殿的屋顶上可以看到五号神庙的顶部。尽管建造在沟壑的两侧，但这两座建筑都是同一个国王亚克斯·艾因二世的杰作。

图 11-6 （下图）从大广场一号神庙的前面朝向中央卫城迈尔宫殿的屋顶所看到的风景，可以看到一号神庙与第五神庙的对齐，五号神庙在背景中杂草丛生。

　　五号神庙和迈尔宫殿之间还有另一种联系。修建宫殿所涉及的建筑劳动比建筑本身所暗示的要多得多。中央卫城的第二庭院是宫殿的基础，同时也为庭院提供了周围的空间。该庭院从沟壑（南）一侧测量高达 26 米（85 英尺），北侧高约 7 米（23 英尺），这一侧在之前就存在过建筑，完成该庭院需要大量的建筑材料。建造迈尔宫殿所需的劳动力和建筑材料大致相当于一座中等规模的神庙，如六号神庙。

　　将这一大型建筑归入亚克斯·艾因二世统治时期是基于中央卫城的地层学。我们知道，五层宫殿 5D–52–1 号建筑是伊金建造的，建造的证据明确表明，迈尔宫殿比 5D–52–1 号建筑晚，但不会晚太多年。有可能伊金与两处建筑都有关系。但可能性更大的是，五号神庙和和迈尔宫殿是下一个王（亚克斯·艾因二世）完成的。五号神庙有着自己的定位，它通过几何关系致敬年代更早的一号和二号神庙。最令人信服的解释是，作为孙子，亚克斯·艾因二世建造五号神庙是为了同时纪念他的父亲和祖父。

　　基于几何关系，还可以推测另一处建筑可能属于亚克斯·艾因二世。这就是被称为"F 组"的宫殿群，位于 G 组北面，是一处四边形建筑群，位于门德斯堤道的顶端。F组宫殿群位于亚克斯·艾因二世巨大的双金字塔建筑群 Q 号建筑群（4E–4 组）以南。由亚克斯·艾因二世竖立的 19 号和 22 号石碑的连线与 F 组的南北轴线形成了一个完美的直角（图 11–7）。这种关系不可能是偶然的。相反，它表明 F 组是与后来的 R 号建筑群（4E–3 组）一起建造的，在 22 号石碑处恰好呈直角排列。

　　尽管对蒂卡尔许多建筑遗迹的归属工作卓有成效，但仍有相当数量的遗迹，无论如何推测，目前都不可能判断归属。例如，随便举几个例子，蝙蝠宫殿（Bat Palace，5C–13 号建筑）、南卫城的整个建筑群（5D–104 号建筑等）、东卫城、包括其主要的南宫殿（5D–91 号建筑）在内的整个七神庙建筑群（Seven Temples group，5D– 96号建筑）都没有归属。希望未来的研究能够改善这种状况。

　　如果一定要进行推测，人们可能会猜测蝙蝠宫殿是第 30 王（见下文）建造的一个王室宫殿，原因有两个：它靠近三号神庙，而该神庙就是这位国王建造的；东向的宽阔前院的布局与 G 组建筑（很可能是伊金的皇宫）的入口相似。模仿者的年份必然要晚一点。此外，阶梯式拱形的内饰风格是蒂卡尔晚期的一大特征。这些因素加在一起，暂时可以认为这是第 30 王所建。

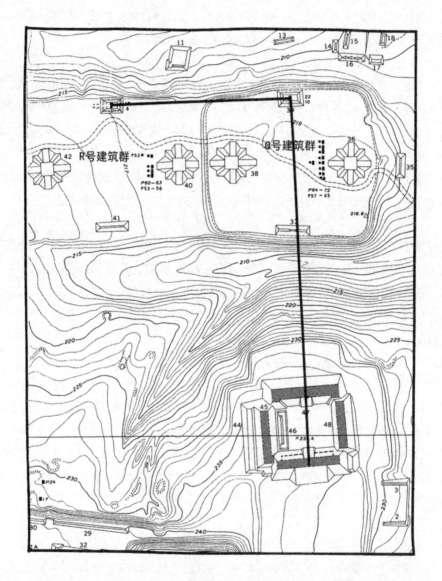

图 11-7　地图上的一个细节显示 Q 号建筑群和 R 号建筑群的两块雕刻石碑（均是亚克斯·艾因二世的作品）与 F 组宫殿建筑的中轴线之间存在直角的关系，而下组宫殿建筑很可能是这位国王的住所。

南卫城没有进行过发掘，仍然是一个谜，只有布局和几何连接关系作为线索。这些连接关系（图 11-8）显示它与很多不同的统治者所建造的许多年代久远的建筑有关。中央神庙作为一个支点，与南卫城以外的至少七个建筑保持着某种关联。

从图像学上看，这是一个很长的距离，但人们可以注意到，在七神庙群的中央神庙后面的有交叉骨头的装饰，与 5 号祭坛中一个人物头上的装饰有相似之处。"卡拉克穆尔之王"的头饰上也有同样的徽章图案。此外，在第 16 号石碑上，哈索的短裙有多个交叉骨头符号。这种微弱的关联表明七神庙群可能是在哈索·产·卡威尔一世时期建造的，但要想形成确凿的关联，还需要更多的证据。

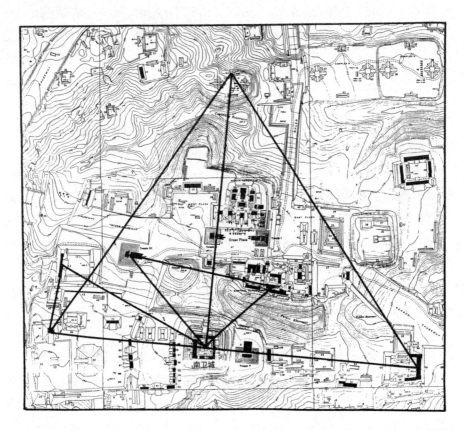

图 11-8　一系列相互连接的整数直角三角形，反映了以南卫城为中心的众多建筑之间的一系列关联。这些建筑的归属不详。

最后两个国王

通过名字来识别统治者，并与纪念碑（不管是石碑还是建筑）联系起来，只能依据铭文。而在蒂卡尔辉煌的末期，铭文非常少。最后的一些铭文集中在三号神庙上，其中一组铭文来自神庙的二号木板，另一组来自矗立在三号神庙前的 24 号石碑，都与蒂卡尔的第 30 王有关。大广场上的 11 号石碑上有一段铭文，记载了蒂卡尔的最后一位统治者，他是第 31 王。

努·巴克·查克二世（盾牌·骷髅二世）

就像蒂卡尔的大多数统治者一样，第 30 王的名字有多种解释。"黑暗的太阳"这一名字出现在三号神庙之前的石碑（第 24 号石碑）上，也出现在伊金的一件石碑（第 20 号石碑）上。这个名称在不同时期被认为属于第 28、29 和 30 王。这些分别是：六号神庙冠状屋脊上提到的统治者，我们已经提到过，是伊金的长子，196 号墓墓主；亚克斯·艾因二世（C 王）；以及与三号神庙相关的 24 号石碑上提到的国王，现在被称为努·巴克·查克二世 [7]（盾牌·骷髅二世），与"伟人"哈索一世的父亲同名。"黑暗的太阳"这个名字可能确实是伊金名字（现在翻译为"夜空的黑暗"）的变体。

不幸的是，这个伟大城市的倒数第二个国王只有一座大神庙，并有雕刻的木板、石碑和祭坛。但相比于最后一个国王来说，这已经足够了。石碑上的日期是 810 年 6 月 24 日 [8]，实际上是一个卡吞结束的日子，在玛雅人的计数中是第 19 个卡吞结束的日子。这样的日期应该包括在一个双金字塔建筑群中，但没有一座双金字塔建筑群是为这个卡吞而建。我们推断，这个时候资源严重短缺，统治者不得不做出选择，最终建造了一座大神庙，而不是双金字塔建筑。

附属的祭坛是一件值得注意的艺术品。环绕在 7 号祭坛外围的雕刻图像被分为四个部分，其上有被侵蚀的席纹符号（与亚克斯·艾因二世的 6 号和 10 号祭坛上的席纹类似）所分割的人物形象。其中一个形象的设计是清楚的，一个神的头放置在三足器内（图 11–9）。

图11-9　雕刻在三号神庙底部的 7 号祭坛上的图像，显示一个神灵的头部放置在三足器里。图像两侧有席纹，这是一种代表王室的符号。

三号神庙高约 60 米（180 英尺），面向东面，内部有两个相连的房间，而不是像一号和二号神庙那样有三个房间。冠状屋脊上雕刻的细节很少保存下来，但其高度和直立性使得该神庙在比例上可与一号神庙媲美。

三号神庙选址的具体原因很值得探讨：例如，为什么它朝东？这是否意味着神庙内没有墓葬，只承担像二号神庙一样的纪念功能？为什么它位于更早的二号神庙和四号神庙之间，为什么它在我们所知的蒂卡尔宇宙计划（cosmic plan）的扩展中没有发挥作用？不过关于其选址的原因，我们需要认识到，它与蒂卡尔的其他几何形状很吻合。以三号神庙为中心的整数直角三角形连接着北卫城神圣的南北基线。直角的位置在中央卫城 5D-71 号建筑的北门处，与北卫城的 22 号神庙和三号神庙的门道相连。边长比为 3：4：5 的直角三角形几乎是完美的（图 11-10，参见第十二章）。

分隔内部房间的 2 号门楣的雕刻风格与石碑的日期一致。[9] 前门和它未雕刻的门楣已经倒塌。2 号门楣雕刻的中心人物也与美洲豹有关，一套美洲豹服装紧紧地包裹着这位国王肥胖的身躯（图 11-11）。有两个恭顺的人侍候国王，从衣着和姿势可以看出

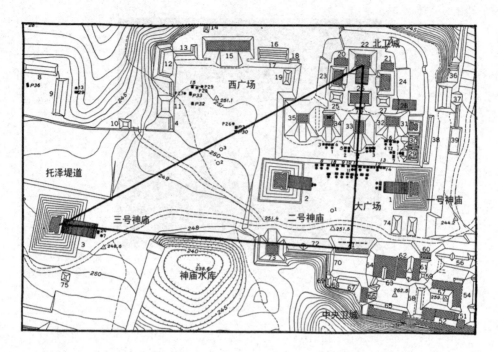

图 11-10　三号神庙的选址是根据一个整数直角三角形来确定的，以北卫城的神圣轴线为基线。

这两个人的身份。三个人物都持有三叉状燧石器物，让人想起 99 年前，711 年的 5 号祭坛上哈索·产·卡威尔手持的类似器物。

关于中心人物是一名怀孕女性的争论已经有过多次。但几乎没有证据支持这一论点，因为这幅图像上看不出乳房的迹象，而且手和脚的大小与那些明显是男性的侍从相同。大量彩陶的证据表明，王室男性的肥胖是古典晚期的普遍现象。

根据奥斯汀·格鲁普（Austin Group,1995），这位统治者的名字是努·巴克·查克二世，这使他成为"盾牌·骷髅二世"，拥有与伟大的哈索·产·卡威尔（其父亲，被埋葬在5D-33-1 号神庙内）一样的名字。文本的完整解读告诉我们更多的关于这个时代的变化。文本中提到，这位统治者"与阿瓜提卡的圣主十二仆人之主（Yokom He of Twelve Servants）一道，在三号神庙附近竖立了一座石碑"。约科姆（yokom）的头衔表明这

图 11-11　三号神庙 2 号门楣的线绘图。穿着紧身美洲豹服装的肥胖国王被认为是盾牌·骷髅二世（黑暗的太阳）。年份是 810 年。

位国王是卡拉克穆尔联盟的成员。他的友好出现表明，蒂卡尔和多斯皮拉斯政权（阿瓜提卡是该政权的一部分）之间恢复了邦交。

以上少量资料表明，这位第 30 王见证了蒂卡尔与其传统敌人之间的一段和平时期。不过这也可能是一种历史宣传。[10]

最后的王：哈索·产·卡威尔二世

一块石碑上的一个日期提供了关于蒂卡尔有记录可循的最后一位国王的信息。11 号石碑和 11 号祭坛矗立在 33 号神庙前的北平台（North Terrace）上，靠近古老的北卫城的神圣轴线。石碑上的日期，就像 24 号石碑一样，是一个卡吞结束的日子。但已经跳过了整整两个卡吞，也就是 20 年。该日期是第十个循环（the tenth circle）的第 2 个卡吞结束的日期（在玛雅历法中是 10.2.0.0.0），即 869 年 8 月 13 日，与盾牌·骷髅二世在三号神庙 24 号石碑上的日期相差 59 年。二号石碑（Stela Ⅱ）上的铭文表明这位卡吞结束时的统治者就是哈索·产·卡威尔二世。如果之前没有别的国王，他将是第 31 位继位的蒂卡尔之王，也是最后一位有记载的蒂卡尔之王。

在记录中，没有看到极其重要的改变白克吞（baktun）周期进入第十个循环的日期。从过去一个世纪的历史来看，每一位国王统治的时间都差不多是 32 年，这两位国王很可能确实填补了亚克斯·艾因二世（C 王）和历史结束之间的空白，可能有 69~70 年。考虑到他们统治的时间如此之长，应该已经有很多年没有发生战争了。

在西广场 5D-11 号建筑下发现了一座墓葬，墓主是一位不知名的年轻男性。脖子上挂着一件很精美的玉坠（图 11-12）。

图 11-12　在西广场的 77 号墓中发现了一件精美的玉坠。该墓在蒂卡尔的年份序列中很晚，但墓主的身份尚不清楚。

　　最后三位国王都追溯了过去，重用了杰出的前辈的名字。最后两位国王重复了早先的父子关系。最后一位记录在案的蒂卡尔国王以与该遗址巅峰时期开创者一样的名字结束了已知的历史——这是对一座非凡城市的恰当结束。

第 12 章　古典晚期蒂卡尔的建筑、城市规划和发展

　　像蒂卡尔这样伟大城市的历史就是它的国王及其作品的故事。在蒂卡尔进行的大量考古研究尚未发表，但这一缺陷被文字学家研究新旧文本的速度所弥补。在叙述城市历史的过程中，我关注了城市发展的主题，根据信息所了解到的某些国王建造的建筑，以及国王的世系和蒂卡尔摇摆不定的命运。然而，关于建造风格和发展的讨论必然是不均衡的，这方面的知识还存在大量的空白。本章将继续第七章的讨论：古典晚期建筑的风格和发展。由于其在古典晚期在城市发展中具有很大的重要性，在第九章、第十章和第十一章中已经提到了几何和排列作为有计划发展的一种手段。蒂卡尔建筑的这一重要特征将在本章中进一步阐述。

　　总的来说，城市的发展没有任何渐进式的模式，比如从中心向外发展。我们看到最早的定居地是散布在圣达菲河边缘附近的一系列村庄。随后向西扩展到一系列地点，包括北卫城和失落世界金字塔所在的区域。可能在 200 年左右王朝统治开始时，这些分散的聚落被统一为一个明确的小城市。蒂卡尔的建筑在古典早期具有自己独特的特征，部分反映了特奥蒂瓦坎的影响。在古典早期结束时，蒂卡尔已经成为主导力量参与战争，并与佩滕的邻国结盟。到 600 年，蒂卡尔发展为一个庞大的城市，人口可能在 2.5 万到 5 万之间，甚至更多。

　　蒂卡尔的大神庙是这座城市具有标志性风格的建筑，年代都属于古典晚期，从 5D-33-1 号神庙（672—682 年）和最后的三号神庙（810 年），跨越了大约 135 年的时间段，涉及六个国王。从风格上，这一时期并不是没有任何建造上的差异。在六座被命名的大神庙中，只有三座拥有基本的三个房间。六号神庙恢复了早期的风格，有

三个正门。在这一时期，许多其他规模较小的古典晚期神庙的建造没有参考宏伟的"大神庙"风格，但更符合古代的三开门、低而宽的比例，这种风格从前古典时期诸如东广场 5E-38 号建筑（图 12-1）、北组的 3D-43 号建筑以及散落在遗址中归属不详的数十座较小的神庙开始确立。

宫殿、双金字塔建筑群和球场构成了其他最重要的建筑风格。其中，宫殿在形式上表现出最大的多样性，而双金字塔建筑群体现出最严格的程式化，在形式上几乎没有变化。当然，这种宽泛的概括在微观层面上会受到挑战，因为完全相同的同类型建筑是罕见的。

图 12-1 门德斯堤道顶部、东广场东侧的 5E-38 号神庙，它在蒂卡尔的历史中扮演的角色仍不为人知。

双金字塔建筑群

双金字塔建筑群是蒂卡尔特有的建筑组合类型，在该城市之后的一些遗址中也有少量发现。这种建筑群的功能是作为时期变化（20年为一卡吞）的神圣标记，国王借此公开声明自己已成功统治到卡吞结束，不管他一开始是否掌权。他作为国王统治被征服人群的权力是北向放置的石碑和祭坛上通常的主题。这种建筑群是有着基本方向（cardinal direction）的建筑宇宙图（architectural cosmogram），总是把国王放在代表天国的北方，而南部的"宫殿"建筑有九个门，代表地下世界的九位国王。

大广场本身也有类似的主题，一号神庙和二号神庙组成的金字塔群，具有标志太阳运动的功能；北卫城扮演着北方天国的角色（往往是国王的墓地）；5D-71号建筑是一座古典早期的建筑，其中轴线标志着北卫城神圣的南北轴线。同样是古典早期，一座毗连的九门宫殿（5D-120号建筑）后来在最东边建造起来，但偏离了神圣轴线。

该遗址共有9处双金字塔建筑群，但尚不清楚它们是否连续。最早的建筑群保存状况不佳，也没有相关的铭文。但这种建筑群明显开始于古典早期，而古典晚期保存更好，并有日期，且规模更大。[1]

球场

蒂卡尔已知的球场为数不多，但在规模上的差异大于形式上的差异。东广场有一处古典晚期的大型球场[2]，但尚未与任何特定的统治者联系在一起。

现在最明显的球场是大广场上的一组小型建筑，就在一号神庙的南边，编号为5D-74号建筑。该球场的轴线与中央卫城的一座建筑对齐，而这座建筑的北边房间很可能是王室观景台（图12-2，参见图7-13）。

另一个最突出的例子是在七神庙广场，三座球场分布在整个广场的北侧，编号为5D-78-81号建筑。从北面看，七神庙广场只能通过三个平行球场中的一个进入。所

图 12-2 一号神庙与中央卫城之间的小球场的复原图。请注意最高建筑上的观景台。它位于球场的轴线上。

有蒂卡尔已知的球场都被暂时归入古典晚期，但它们具体属于哪位国王并不明确。

　　球场都是正南北方向的。比赛中两侧倾斜的边可以将球弹回场地（图 12-2）。观众可以通过楼梯上到更高的平台观看比赛。东广场的球场证明这些观景台是带顶的。我们唯一能证明这种特定球赛存在过的证据就是那些被替换下来的纪念碑，它们是球场的标志。1 号柱形祭坛在第十章中已有提及，被认为是伊金的一件作品。在东广场发现了一件非常类似的纪念碑，就像在西广场的 1 号柱形祭坛一样。这两个标志可能来自东广场庭院，且可能是伊金完成的。人们从中央卫城的后古典废墟中找到了另一个类似但小得多的纪念碑残块，说明这些小纪念碑是从球场上拖出来的，在城市崩溃时被毁坏。

宫殿

宫殿建筑可能是古玛雅社会中最复杂的一类建筑，因为人们对这一广泛多样的建筑群的功能了解甚少。只有两个功能是明确的，即家庭住宅和行政管理。根据欧洲的思维，关于这两种功能是如何结合并形成一个王室宫廷的细节并不清楚，但从许多证据中可以清楚地看出。

我们称为宫殿的建筑当然也有其他功能，如：供男性或女性休憩的王室住所；法庭（在法律意义上）；王室子弟的艺术、科学和宗教培训学校；甚至可能是存放重要设备的储藏室。我们必须记住，来自一号和四号神庙的文本都提到了缴获敌对城市的王室轿子，以及这类轿子独特的重要性。如此大而精致的物品必须要存放在合适的地方，蒂卡尔也有自己类似的物品，估计要比被缴获的轿子数量更多。

中央卫城是唯一一处经过大规模发掘的现存于地面之上的宫殿群。在该遗址其他地方的发掘表明，早期的宫殿群被完整地覆盖了，要么是被征服的结果，要么是被有意地埋藏，比如 6C–16 号建筑群。该建筑群是由胡安·佩德罗·拉波特（Juan Pedro Laporte）发掘的，非常引人注目，似乎由一处古典早期的整个宫殿建筑群组成，部分已夷为平地，并被完全掩埋，就好像整个建筑群都被仪式性地消灭了。[3] 在东广场的东卫城下也发现了类似的遗迹，说明这里也发生了类似的事件。[4]

蒂卡尔的中央卫城是独一无二的，因为它位于作为城市神圣核心（sacred core）的大广场和东广场的南侧，同时也因为它经历了很长的发展历程，从前古典时期到城市崩溃，大约 1200 年。对这一重要的建筑群将进行详细讨论，但首先我们有必要看看不同于中央卫城的其他类型的宫殿建筑和建筑群。

数量有限的庭院式宫殿建筑群

蒂卡尔有许多宫殿建筑群，主要建筑围绕着单独或双重的庭院。这些建筑群明显不同于中央卫城的长期发展而成的多庭院布局。少数几个位于遗址中心的例子类似于在秘鲁高地发现的印加王室庭院。在印加的传统中，每一位国王都建造自己的宫廷，并在死后保存下来作为他的个人财产。这些建筑（称为 panaqas）呈四边形，包含住宅和宗教功能。但它们的年代是蒂卡尔衰落 500 年后，所以除了类比外，没有任何联系。在蒂卡尔，有四处这样的建筑群，几乎（但不完全）分布在遗址中心区的正方向上。它们包括：G 组，与可能由伊金建造的门德斯堤道和六号神庙有关；F 组，根据几何关系，该建筑群只与伊金的儿子亚克斯·艾因二世的作品有关；一处位于三号神庙西边的名为蝙蝠宫殿的建筑群；以及五号神庙南面的一组建筑，包括位于两个朝东的庭院中的 6D-42 号至 65 号建筑。

这些例子中有三个是朝东的（除了 F 组），住宅应该面向升起的太阳和生命及重生的方向。朝东的建筑群前面是宽敞的大平台。蝙蝠宫殿群和 G 组都有宽阔的阶梯，将其宽敞的东部入口与周围的地形连接起来。F 组是朝南的，因为地图清楚地显示，封闭建筑群前面的开放空间是位于南部的。南组（6D-42-65 号建筑）由于大量的小建筑的存在而显得更加复杂，尽管庭院确实向东开放，但东侧缺乏大型入口的空间。这一组在城市古典晚期的几何布局中非常重要，因为它将六号神庙、四号神庙和北区被称为 H 群的 3D-43 号神庙的位置联系在一起。

只有 G 组经过部分发掘，任何一处位于东部的开放空间都没有做过考古工作。不过现存的建筑能够使我们对 F 组、G 组和蝙蝠宫殿的房间安排有一些了解（图 12-3）。在每一组建筑群中，房间安排都很复杂。有的房间是横向连接的，有的房间是前后相连的，有的房间是连通的，有的房间则不是。在所有可观察的案例中，有证据表明，房间的安排随着时间的推移发生了变化，这是宫殿的共同特征：大房间被划分为小房间，进入的路线也改变了。

这几处庭院建筑群都修建于在高台之上，有些建筑甚至更高。到目前为止，是否将某些建筑群认定为"卫城"完全是主观的，没有逻辑必然的理由。把 G 组和 F 组分别归属于伊金及其儿子亚克斯·艾因二世是相对比较容易的，但另两组仍笼罩在谜团之中，虽然它们的年代明显属于古典晚期，6D 组建筑群以外，除了在地图上能看到的建筑，其他什么都不知道。

图 12-3　G 组的内部庭院，该宫殿建筑群与门德斯堤道紧密联系在一起，被认为是第 27 任国王伊金的作品。

独立的主要宫殿

　　这一建筑类别非常多样化，稍许带有主观的成分，用作归类一些重要的建筑。至少有两种类型：（1）高出地面的朝向一个方向的多间式大型建筑；（2）高出地面的朝向两个方向的单间或多间式建筑。

　　这两类建筑的功能明显不同，但毫无疑问，两者都是仪式性的，而非住宅。第一类包括围绕遗址中心的各种位置的建筑。九开门的 5D-15 号建筑颇为独特，因为它朝南，而蒂卡尔所有其他已知的九开门建筑均朝北。其他的例子有：失落世界金字塔群中的 5D-77 号建筑，朝南；五号神庙东侧的 5D-105 号建筑，朝东；还有 G 组的西边的 5E-51 号建筑，可能朝北。

　　第二类是一种通道性建筑，发挥了从公共空间到仪式空间的通道的功能。最突出的例子是位于七神庙广场南面的 5D-91 号建筑。在这座主要宫殿的南面有一处规范的仪式阶梯。所有其他这类宫殿都是在建筑群的背景下被发现的，特别是中央卫城。5D-71 号建筑意义巨大，因为它的轴线位于北卫城的神圣轴线上。该建筑提供了从大广场到中央卫城 1 号庭院的非常有限的通道。

5D-44 号宫殿显然同样也具有多种仪式功能。七个门道向北朝向东广场。但当建筑最初建成时（具体年代不详），人们可以从北长廊进入南长廊，从而抵达中央卫城的 6 号庭院。随着时间的推移，该通道被关闭了，这与古典晚期偏晚阶段进入卫城的通道的关闭是同时的。

中央卫城

在所有宫殿建筑群（图 12-4）中该建筑进行过的考古工作最为充分，其结果为解释建筑功能以及蒂卡尔建筑规划和测量所使用的技术提供了大量信息。

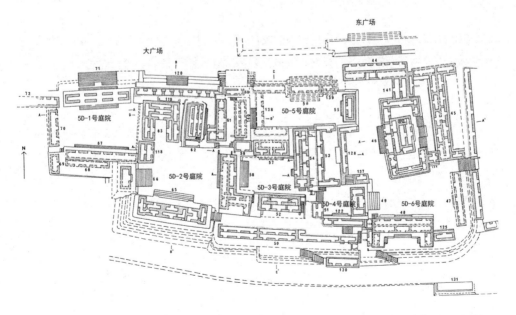

图 12-4　中央卫城是一个由多层庭院组成的建筑群，周围是功能各异的宫殿，它的建造历经五个世纪。

　　中央卫城的建筑布局揭示了蒂卡尔的玛雅人如何组织空间——他们如何规划新的主要建筑。这涉及一种简单的建筑测量方法，由此可以精确地布置拟建设建筑的平面图，该方法使用了早期已有建筑作为参考点。一旦认识到这些原则就很简单，从中央卫城的庭院中可以找到多个例子。

测量技术

　　（1）每座建筑在其规划中都有一个单一的关键点，它决定了新建筑的位置。该点是两条线的交汇处，而这两条线分别由建筑的前墙和穿过中心门道的中轴线形成。这些线相交成直角。其交点即是建筑物的定位点（图 12-5）。

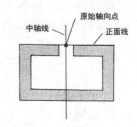

图 12-5　任何建筑的主轴点都是正面线与中轴线的交点。这是建筑测量与规划的基础。

　　（2）对蒂卡尔的玛雅人来说，位置的排列显然是很重要的，所以将第三座建筑的位置与之前两座建筑的位置对齐表明了对这些早期建筑的尊重。

　　（3）新建筑的位置根据对其有重要意义的两座早期建筑的位置来确定。最常见的重要原因是祖先，也就是说，这座新建筑是对祖先建造的建筑的纪念。这三个点，两个已存在的点和一个新的点，连接成一个整数直角三角形（图 12-6）。

　　（4）通过直接观测三角形上两个已存在的点中的一个，可以得到位置点，从而确定新建筑的平面图（图 12-7）。测量员站在参考点上，拿着仪器，瞄准所有可见的转角或其他重要的点。在中央卫城的 2 号庭院中有两个明显的例子。其结果是，在拟建建筑的平面上可以布置足够的新点，并应用对称的方法，可以完成整个平面图。

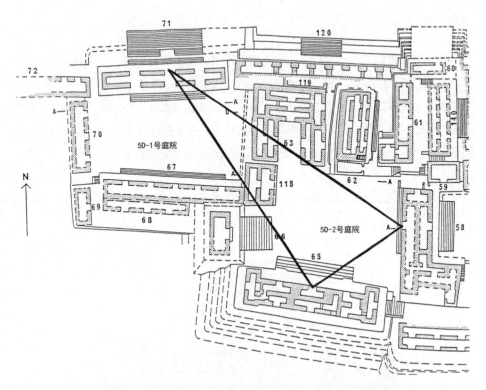

图 12-6　决定迈尔宫殿主轴点的整数直角三角形取决于 5D-71 号和 5D-58 号建筑的门道，其年代早于迈尔宫殿的规划和建设。

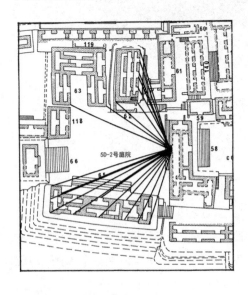

图 12-7　从 5D-58 号建筑的门道观察早期建筑的可见点，通过直角对迈尔宫地面平面图上的关键点进行测量。

测量工具

用于观察直角的仪器是一个扁平的斧形器物，可能是木制的，但只发现玉质的例子。表面上的三个穿孔形成直角。放置在这些孔中的钉子就成为了瞄准杆。这样的器物在图像中经常是挂在国王的脖子上，通常被认为是"胸饰"。图 12-8 中的器物来自卡拉科尔的王室墓葬。目前在蒂卡尔还没有发现。在哥斯达黎加发现了许多这样的器物，虽然这些被认为是来自玛雅的贸易品，但我们不知道它们的起源地。

中央卫城是揭示城市规划体系的最佳检验场所，这一体系也延伸到了蒂卡尔的其他地方。

图 12-8　出自卡拉科尔一座墓葬中的古典早期玉胸饰，可能是测量直角的仪器的雏形。

蒂卡尔有计划的扩张

三角法和直角法应用的最初年代还不清楚。在古典早期有使用这种方法的例子，但需要更多的调查和研究资料，来得到更明确的认识。古典晚期有许多相当重要的发展，特别是在三个重要国王（哈索·产·卡威尔、伊金·产·卡威尔和亚克斯·艾因二世统治的时期。哈索在 730—732 年对大广场的规划是最早的非常引人注目的例子，在第九章中已经有过描述。他的三角形几何布局是为了纪念他已故的妻子和一个埋葬在3D–43 金字塔神庙下的不知名的祖先。一个更引人注目的例子是连接一号神庙、四号神庙和五号神庙的三角几何结构。[5] 由于其中最晚的建筑是五号神庙，这座大神庙的建造者是这一布局的创造者（图 12-9）。我认为这就是亚克斯·艾因二世。一号神庙的建造者是哈索，四号神庙的建造者是他的儿子伊金，因此，他的孙子亚克斯·艾因二世为了纪念他的父亲和祖父，建造了五号神庙。直角点位于最早的一号神庙，且该三角形边长符合完美的勾股数比例 3：4：5。

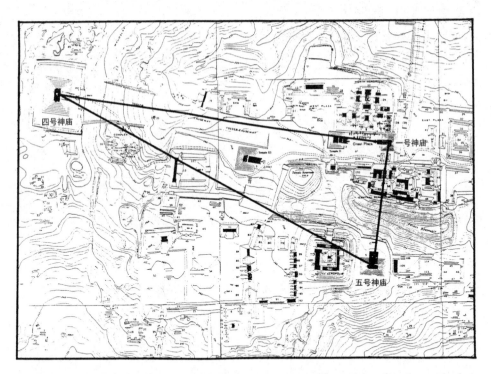

图 12-9　整数直角三角形的地图，用于规划五号神庙的位置，将其与早期的一号神庙和四号神庙联系起来。

第三个例子是将四号神庙、六号神庙与北部的 3C–43 号建筑和南部的 6D–6l 号建筑（一个不起眼但值得注意的建筑）结合起来的布局。

最后一个例子是从失落世界建筑群的古典早期神庙到 G 组的宫殿建筑群，穿过南卫城的主神庙的布局。南卫城的主神庙作为许多几何关系的支点，在 O 号双金字塔建筑群中，与 20 号石碑的直角位于北部，作为两个完整直角三角形的基础，将蒂卡尔中心区划分为两个空间区域。其他几段关系从三角测量的发展中衍生出来（见图 11–8）。试图在本书中详细说明每一个这样的例子是不现实的。我们只要明白这个城市的发展绝非偶然就够了。这是一个精心规划的过程，每一个新的纪念性建筑都是对两个同样重要的早期建筑的致敬。

这种建筑规划系统并不是蒂卡尔独有的 [6]，在帕伦克、科潘和其他一些玛雅大城市都有使用这种规划的案例。事实上，每一个有详细地图的低地遗址都显示了这种建筑三角测量系统的一些证据。

在认识到蒂卡尔建筑的这一显著特征后，我们产生了更多待解答的疑问。这一知识从何而来？在实践中，它是如何在地面上长距离执行的，又是如何在很高的垂直维度上执行的？有些答案可能来自外部。在尼罗河每年泛滥之后，古埃及人使用完全相同的系统来重新测量他们的田地。后来，这一体系被运用到他们的艺术和建筑设计中。而这两个社会之间没有联系，毫无疑问，它们经过了一个类似的发展过程。作为一个依赖于变动的田地系统的农业社会，土地计量的使用是合乎逻辑的。这种测量技术将传播到艺术和建筑中，这就是我们在中央卫城和整个蒂卡尔看到的。

阿伦（Arlen）和狄安娜·蔡斯（Diane Chase）在卡拉科尔发现的绿岩（greenstone）测量仪器是属于贵族成员的仪器。对玛雅的贵族阶层来说，星星运动和日历的知识代表着权力，因为它与基本的食物生产有关。很可能每个农民都能理解空间处理的知识，他们借此来布置米尔帕（milpa）。在贵族阶层，这种方法被用于城市规划，以表达对祖先的崇敬。根据这些观察，蒂卡尔的城市布局是对持续了超过 1500 年的祖先崇拜的巧妙体现。

第 13 章　衰落：最后的岁月

蒂卡尔的衰落从最后记载的 869 年 8 月 13 日（10.2.0.0.0）之前就已经开始了。没有记录该日期之前的一个重要卡吞的结束，足以证明了这座城市陷入了麻烦。

一处叫做金巴尔（Jimbal）的小型仪式中心位于大广场以北 12.5 公里处，处于大蒂卡尔的范围之内。该中心在 879 年 6 月 22 日（10.2.10.0.0）竖立了一座石碑，比蒂卡尔的最后一个日期晚了 10 年。铭文包含一些非玛雅人（可能是墨西哥人）的象形文字，并没有提到蒂卡尔。很可能这个小中心在这个时候认为自己是独立的，位于最初的蒂卡尔范围之外。

在佩滕的其他一些遗址，如伊克斯鲁（Ixlu）和塞巴尔，仍有铭文，但一般来说，这片低地的文明高峰在 870 年就结束了。

正如人们对文化解体时期所预料的那样，关于最后几年人类活动的考古证据给了我们一幅混乱的画面。但证据并没有提供任何线索来解释这种衰落的原因。无论原因是什么，它们并不只与蒂卡尔有关，而是与佩滕景观有关。学者们仍在广泛的地理范围内争论着这一问题。

古典期的终结

蒂卡尔被描述为"崩溃"的时期被称为"古典期的终结"，与艾兹纳布陶器组合相关。其年份为 850—950 年。崩溃的过程持续了一个世纪，这一论断是基于对石质建筑因自然原因老化需要多长时间的"猜测"。在蒂卡尔发现的建筑崩解的模式很大程度上取决于支撑门廊的木质门楣的存否。当这些门楣被移走时，上面的拱顶石就会掉下来，在门口形成一个不自然的拱形。整个屋顶于是逐渐向内塌落。在多层建筑中，上层特别容易发生这种形式的自然退化，而下层则受到某种程度的保护。这种模式很清楚。

当第二层墙正好与较低的一层墙重合时，较低的一层仍然完好无损。但由于第二层只覆盖了下面建筑的一部分，暴露在屋顶上的底层部分也容易坍塌。

大卫·弗莱德尔根据北部低地的情况提出，这种半倒塌结构的状况是建筑"仪式终结"的结果，并提供了最终冲突的证据。在这种解释中，弗莱德尔发现倒塌建筑的地面上有意识地放置着残片和器物，其上还特意覆盖着一层"白色泥土"[1]。在伯利兹的塞罗斯遗址发现了这样一个案例。但受到保护和未受到保护的建筑的模式，及其废弃时间与遗址崩溃时间的重合，表明该遗址内不存在故意废弃的情况。在蒂卡尔，我们将在建筑地面上发现的器物解释为该建筑内最后居住者的证据，并将其年代确定为艾兹纳布阶段。

这一阶段最大的证据是在我发掘中央卫城建筑群时发现的。比尔·哈维兰德（Bill Haviland）还发现了大量艾兹纳布阶段的堆积，类似地分布在这座城市更偏远的一座宫殿里。这里描述的证据来自中央卫城。

当作证据的物质材料可以分为几个不同的类别进行讨论，包括房间里堆积的废弃堆积、房间之外的废弃堆积和墓葬。在这些类别中，还有更有趣的材料类型划分，其中最有趣的是食物残余和乐器。因为玛雅人对清理非常谨慎，可能会进行与历法相关的周期性清理，早期居住时期的废弃堆积非常罕见。除了那些与村落房屋相关的垃圾堆，玛雅的古代垃圾通常发现于大型建筑的建筑填充物中。玛雅人显然很擅长回收利用。因此，这些从未被清理干净的城市终结阶段的堆积给我们提供了一种对当时日常生活的一瞥，这是古典的巅峰时期所缺乏的。

在中央卫城中，这些堆积的三个主要来源是 5D-2 号、5D-4 号和 5D-6 号庭院，5D-6 号庭院种分布更广泛，遗存也更丰富。为了方便讨论，重要的废弃堆积将根据它们的发掘地点的名称命名。

5D-2 号庭院，80C 号发掘地点（Operation 80C）

80C 号发掘地点位于 5D-62 号和 5D-63 号建筑之间的小巷，5D-63 号是一处 U 形的建筑。该堆积中含有艾兹纳布阶段的陶器和人骨。这些骨头代表了这一时期在中央卫城发现的几个真正埋葬在废弃堆积中的案例之一。其位置表明 5D-63 号建筑的东间和 5D-62 号建筑的房间内可能是有人居住的（见图 12-4）。在其 8—9 世纪的巅峰期，这些建筑类型有的是仪式性的，可能是专门的，但不是家庭住宅。在终结期发现的生活垃圾与这些建筑物原有的功能不一致。虽然我们没有发现古典早期的废弃堆积来验证该时期的功能，但 80C 号发掘点中艾兹纳布阶段的废弃堆积的家用性与原始建筑的仪式性明显不同。在终结阶段，建筑的原始功能被抛弃，任何保存良好的石头建筑都被蒂卡尔幸存的居民用作居所。在其他地方，废弃堆积中的包含物提供的证据表明这些人使用的器物属于贵族统治阶级，但他们的生活条件与古典时期非常不同。废弃堆积被丢弃这一事实就表明了这种差异。

5D-4 号庭院和 96 号发掘点

虽然该庭院的大部分区域都有废弃堆积，但最令人关注的重要部分位于 5D-51 号建筑的内部和外部，以及 5D-122 号建筑的正面（北侧），换句话说，在庭院的西侧和南侧。与该地区居住有关的可能是 5D-124 号建筑南部的尽头路（cul-de-sac）中另一处较低的生活废弃堆（图 13-1）。这些垃圾无疑是从上面庭院里的居住区扔出来的。

5D-51 号建筑内部废弃堆积的地层是最有趣的。地面之上的居住堆积中出土了一件带刻纹骨柄的投镖器残件。这种类型的器物是美洲豹·爪一世于 4 世纪从从墨西哥高地引进的。该器物表明有目的地通过狩猎或战争来获取食物，与仪式用具如彩陶片和陶人形口哨密切相关。在该堆积之上是前屋拱顶上掉下来的石头。石头上有一层薄薄的鸟粪（蝙蝠粪），表明有一段时期的废弃。鸟粪上面是另一个居住堆积层，其包含物

图 13-1　中央卫城 4 号庭院中开阔场地的场景。庭院周围是一些小型的古典晚期宫殿，这些宫殿在遗址废弃之后仍然有人居住，分布着许多废弃堆积。

最为有趣。在该层表往下挖出了一个火坑，周围是有机食物残余，不仅有玉米、豆类和南瓜，还有各种水果和坚果的种子。与之相关的陶器既有破碎的日用容器又有仪式性彩绘容器，有些与古典晚期偏早的依米什阶段的器物雷同，可能来自一座被扰乱的古典晚期墓，但这一观点尚无法得到证明。更有趣的是人类粪化石的存在。仪式和精美陶器与烹饪的证据和卫生措施的缺乏，让我们看到了一个非常奇怪和不典型的玛雅人的生活习惯。奥斯丁小组的一名成员提出了一个有趣的设想，这个房间可能曾被用作监狱，确实在入口处的门柱上有一个小洞，表明门是关闭的，这一点很不寻常。

97A 号废弃堆积，5D-6 号庭院

不远处，就在 5D-4 庭院的北面，有一个长长的条状分布的垃圾堆，被命名为 97A 号废弃堆积。该遗迹中出土的遗物最好地例证了家庭日用品与仪式性和财富象征性器物的奇妙混合。

一方面，日常生活用品包括 19 件燧石（flint）石核、33 件燧石（chert）或黑曜石两面器（斧或小刀）、24 件上磨石（mano，用于碾磨谷物或坚果）残块、32 件磨盘、

10 件石锤或磨石（rubbing stone）、1 件燧石（chert）匕首、1 件陶过滤器残片、1 件石纺轮、6 个穿孔片（可能用作纺轮）以及 248 块动物骨头残片。此外，燧石（chert）和黑曜石残片、人骨残片、木炭和许多公斤的日用陶片没有计算在内。

　　另一方面，反映财富和身份的器物包括 14 件陶球（pellet，来自陶容器上的拨动脚 [rattle feet]）、242 件小雕像残片、45 件模制的刻纹陶器残片、34 件香炉残片（用于烧香）、3 件哨子残片、1 件陶盒（几乎完整）、6 件象形容器残片、1 件陶长笛残件、1 件陶耳饰、2 件彩陶片（其中一片绘有象形文字）、23 块灰泥残块（建筑装饰）、1 件骨管（可能是扇形手柄 fan handle）、3 件贝壳制品（戒指、扇形手柄、吊坠各 1 件）和 4 个贝壳小铃。这份文物清单是位于中央卫城中心的古典终结期废弃堆积的典型内容，展示了一种奇怪的混合，包括日常生活垃圾和昂贵的仪式用品（图 13-2）。

图 13-2　前景是中央卫城的 5D-128 号建筑，背景是 4 号庭院，这两处建筑都有崩溃时期的废弃堆积。后面较高的建筑是 5D-52 号建筑，即"五层宫殿"。

5D–46 号建筑的废弃堆积

美洲豹·爪一世在 4 世纪中期建造的家族建筑（the clan lineage house）再一次在蒂卡尔的故事中出现，甚至在遗址历史的最后阶段。家族的最后成员是否确实是这所房子的最后居住者，或它是否已被闯入者占据，我们不得而知。在玛雅考古中，该建筑作为重要建筑有这么长的寿命是罕见的。

该建筑有五处重要的废弃堆积，两处在建筑的外部庭院，三处在内部房间。这里将概述其中的两处，因为它们对于了解蒂卡尔最后的岁月特别重要。

废弃堆积 A（98A 号发掘点）位于 5D–46 号建筑的北中庭（patio），这一空间是在古典晚期很晚阶段才形成的。外部废弃堆积叠压在古典早期建筑的北墙上，并延伸到中庭的一半（图 13–3）。在最初的中庭地面上挖出了一个火坑，伴有食物残余、动物骨骼和烧焦的种子。这里的显著特征是部分烧焦的人骨，其上还有牙印。这些人骨包括一个内表面有烧灼痕迹的大块头骨残片，强烈暗示有食人的现象发生。但这一时期在废弃堆积中频繁发现人骨的事实，使一些人认为这只是另一处被啮齿动物光顾过的墓葬。作为发掘者，我个人认为，这些特殊的人类遗骸与其他食物残余混合在一起，并有烹饪的直接证据，表明它们就是厨房垃圾的一部分。这不是那种埋葬在废弃堆积中的墓葬。

废弃堆积 C（98K 号发掘点）是建筑西侧中部房间的一处室内堆积。堆积由交替的不同颜色的土带组成，靠着房间的后（东）墙堆积起来，并从门口向下倾斜分布到外面的平台上。堆积中密集分布着典型的艾兹纳布阶段的遗物，其带状构造表明了堆积的周期性。由于堆积的上、下两层都出土了同一件彩陶的部分残片，对艾兹纳布阶段进行地层划分的希望也就破灭了。堆积厚 1.8 米（5.9 英尺），其形成年代一定是相对较短的。堆积形成的方式只能用屋顶天花板上有一个洞来解释。二楼房间的遗存表明，人们可能住在楼上，他们把垃圾倒进了楼下的房间。同一件器物的两个部分之间的距离很大，进一步表明两次清理之间的间隔很长。这也不是玛雅现代民族志中可见的典型行为。

图 13-3　中央卫城 6 号庭院的复原图，左边是 5D-46 号建筑，这是美洲豹·爪一世的房子。在这组建筑中可以看到的宫殿跨度 500 年，是崩溃时最后有人居住过的地方。

在中央卫城居住人口较多的地段，几乎所有的外部门道都有证据表明，人们试图用比古典时期常用的帘子更实质性的东西来挡门。这些门板是用来挡东西的还是用来挡人的就不得而知了。这确实暗示了一个人口少、压力大的时期。这种压力在许多迹象中都有明显的表现：烧焦和咀嚼过的人骨，混杂着仪式性和稀有财富象征性器物的厨房用品，堵门的现象。许多陶器标本都属于伯利兹的一个同属于古典终结期的类型。在这种社会秩序紊乱的情况下，贸易网络仍在运作的想法似乎很奇怪，但证据表明情况确实如此。

乐器

在古典终结期的器物组合中出现了一个更有趣的特征，即在废弃堆积中发现了大量乐器。包括陶鼓、一件拟人化的陶"长笛"、一组陶排箫（pan pipe）、一件骨锉和许

多散落在卫城中的哨子。这组乐器很可能代表了整个古典时期存在的类型，只是碰巧保存下来为我们所知，因为最后居住时形成的垃圾没有被清理（图 13-4）。

崩溃的原因

关于这个话题已经产生了大量学术论文，有几十种解释。T. 帕特里克·卡伯特编辑的《古典玛雅的崩溃》（*The Classic Maya Collapse*）一书对各种原因进行了最全面的讨论。简单地说，学者们倾向相信的主要原因包括社会动荡和革命、疾病、干旱、水位变化、粮食生产中土地管理不善和战争。多年来，学者们一致同意一件事：没有任何一个单一因素，足以成为崩溃的唯一原因。这一过程涉及许多因素，非常复杂，花了很多年才发生，而且在玛雅低地因地而异。

最近，亚瑟·德马雷斯特（Arthur Demarest）、斯蒂芬·休斯顿和猪俣健（Takeshi Inomata）在佩特克斯巴吞地区（Petexbatun）多斯皮拉斯的工作充分证明了战争是该地区的一个主要因素。当然，蒂卡尔的历史，正如现在从碑文了解到的那样，显示了它与远近邻国的严重冲突。这一因素对该遗址的最终衰败一定产生了相当大的影响。同样肯定的是，还有其他因素。现在有学者极力主张佩滕河水位的变化在古典晚期较晚阶段非常明显。蒂卡尔周围湿地的水位如此之低，将对在这些环境中进行的集约化农业产生巨大影响。

图 13-4　在中央卫城发现的一件类似长笛的陶乐器，为我们了解哥伦布发现美洲大陆之前的音乐提供了线索。

上述任何一个因素所带来的压力，都可能伴随着社会动荡，甚至疾病。多年的战争，加上日益减少的供水，以及由此带来的食物减少，可能导致蒂卡尔社会分层的瓦解，我们称之为"崩溃"[2]。

圣达菲艺术家卡洛斯·维埃拉（Carlos Vierra）于1915年创作的绘画，可能是蒂卡尔古典终结期和后古典时期的最准确的反映（图13–5）。尽管没有到过遗址现场，但维埃拉表现出了这座宏伟城市陷入衰退和湮没于热带雨林的缓慢过程。

图13-5 这幅画是卡洛斯·维埃拉（Carlos Vierra）于1915年创作的，描绘了蒂卡尔被遗弃后的场景。虽然这位画家从未考察过这个城市，但画中的重建相当准确。

后古典时期

人们对后古典时期的蒂卡尔知之甚少，因为当时的居住的人口微不足道。出土的陶器组合被命名为卡班，分散于遗址的各个部分。这些陶器类型与同时期居住有较多人口的其他遗址有关，特别是在以西以南 60 公里的佩滕伊察湖附近或湖上的小遗址。包括莫图尔·德·圣何塞、伊克斯鲁、蓬塔·尼玛和塔亚索等环绕着湖泊分布的小遗址，这些遗址一直沿用到后古典时期。蒂卡尔有人口居住的年代被随意地设定在 950—1200 年。发现的少量遗物表明，来自湖泊遗址的先民曾经过蒂卡尔或在蒂卡尔短暂停留，可能是朝圣，并留下了一些证据。正如第一章所述，直到 17 世纪晚期，塔亚索遗址一直有人居住，最终被西班牙人征服。到这个时候，似乎已经没有关于蒂卡尔的记忆了，因为西班牙人既没有听说过它，也没有留下参观过这一废墟的记录。

最后，19 世纪在蒂卡尔发现一处小的聚落，出土有殖民时代晚期的陶器甚至金属工具。正如第一章所述，"蒂卡尔"这个名字是由这些人命名的。一种传统说法是，后来的聚落最终因为可怕的蝙蝠瘟疫而废弃。在这之后，蒂卡尔再次被遗弃，直到 1955 年各种各样的早期游客和宾夕法尼亚大学项目的到来，从这一天起，该遗址已经出现了定居人口并有望维持下去，因为放弃等于毁灭。

回顾

尽管蒂卡尔第一次出现居住人口在整个低地的年代框架中偏晚，但它至少延续使用了 1670 年。早期反映了低地玛雅人作为一个整体的发展，可以观察到从分散的农耕村庄到一个有农业经济和强大的仪式系统的凝聚性社区的演变。

200 年，家族王朝的概念被引入，并一直伴随着这座城市，直到它的最后一位统治者在 869 年雕刻并建立了最后一座纪念碑。几乎可以肯定的是，这个家族王朝并未保持完整，而是不止一次地被外部入侵者破坏和篡夺。最长的间断是间歇期，持续了 133 年，当时蒂卡尔处于外部（很可能是东南部城市卡拉科尔）统治之下。此时进入了无文字记录的黑暗和沉寂中，古典早期由此结束。

随着古典晚期的到来，蒂卡尔在艰难的复兴中挣扎，最终在 680 年随着伟大的统治者哈索·产·卡威尔一世的出现而再次繁盛。他的财富和权力不断增长，并在他的儿子伊金·产·卡威尔统治时期达到了顶峰。尽管财富持续增长，但随着哈索一世的孙子，第 29 王亚克斯·艾因二世在 800 年左右去世，蒂卡尔开始衰落。在一段记录的空白之后，一直到最后的年份 869 年，衰落在不断加速。

对该遗址历史和考古的调查非常全面，可能超过任何其他新大陆的遗址。这些调查的结果到目前为止还只是部分发表，即使都发表了，也只能代表对这座大城市一小部分的了解。当然蒂卡尔仍然有很多秘密和惊喜有待揭示。像蒂卡尔这样的城市的历史有助于我们了解整个玛雅文明。对蒂卡尔的研究阐明了玛雅文化的许多方面：玛雅人如何参与政治和战争；宫廷的职能；建筑勘察方式与城市规划；外部影响的作用，特别是来自墨西哥的影响；更重要的是，城市的艺术和建筑风格的属性。

正如参观蒂卡尔的游客仍然能体验到的那样，这里的气势是无与伦比的。建筑规模巨大，涉及难以想象的大量人力消耗。环境既美丽又危险，令人叹为观止。本书只触及了许多复杂问题的皮毛。我们都在屏息等待蒂卡尔研究的下一章。

注 釈

第1章

[1] *Prehispanic Maya Agriculture*, ed. by P. D. Harrison and B.L. Turner Ⅱ, P. 414, University of New Mexico Press, 1978. *Pulltrouser Swamp, Ancient Habitat, Agriculture, and Settlement in Northern Belize*, ed. by B.L. Turner Ⅱ and Peter D. Harrison, P. 294, University of Texas Press, 1983.

[2] Arthur A. Demarest, "Warfare, Demography, and Tropical Ecology: Speculations on the Parameters of the Maya Collapse," paper presented at the 89th Annual Meeting of the American Anthropological Association, New Orleans, 1990. Arthur A. Demarest, "The Petexbatune Regional Archaeological Project: Peace, War and Collapse of an Ancient American Civilization," in *Five Hundred Years After Columbus: Proceedings of the 47th International Congress of Americanists*, ed. by E.W. Andrews V and E.O. Mozzillo, pp. 98-102, Tulane University, New Orleans, 1994. *Hieroglyphs and History at Dos Pilas: Dynastic Politics of the Classic Maya*, University of Texas Press, Austin, 1993. Simon Martin and Nikolai Grube, "Politics and Hierarchy Amongst Classic Maya States," in *Archaeology Magazine*, 1994.

[3] *The Santa Marta Rock Shelter, Ocozocoautla, Chiapas, Mexico*, R.S. MacNeish, and F.A. Peterson, NWAF Paper 14, 1962.

[4] *Cuello, An Early Maya Community in Belize*, ed. by Norman Hammond, p. 260, Cambridge University Press, 1991.

[5] Peter D. Harrison, "The Revolution in Ancient Maya Subsistence," pp. 99-113, in *Vision and Revision in Maya Studies*, ed. by Flora S. Clancy and Peter D. Harrison, University of New Mexico Press, 1990.

[6] "Eighth Century Physical Geography, Environment and Natural Resources in the Maya Lowlands," pp. 11-63, in *Lowland Maya Civilization in the Eighth Century AD*, ed.by J.A. Sabloff and J.S. Henderson, Dumbarton Oaks, Washington D.C., 1993.

[7] Christopher Jones, "Tikal as a Trading Center," ms., paper presented at the XLⅢ International Congress of Americanists, Vancouver, Canada, 1979.

[8] "Aspects of Water Management in the Southern Maya Lowlands," pp. 71-119, in *Economic Aspects of Water Management in the Prehispanic World*, Research in Economic Anthropology, Supplement 7, ed. by Vernon L. Scarborough and Barry L. Isaac, JAI Press, 1993.

[9] Bruce H. Dahlin, "Preliminary Investigations of Agronomic Potentials in 'Bajos' Adjacent to Tikal, Peten, Guatemala," pp. 305-312, in *Actes du XLIIe Congres International des American istes, Vol. 8*, Paris, 1979. Peter D. Harrison, "Bajos Revisited: Visual Evidence for One System of Agriculture," pp. 247-254, in *Pre-Hispanic Maya Agriculture*, ed. by Peter D. Harrison and B.L. Turner Ⅱ, University of New Mexico Press, 1978.

[10] *The Vegetation of the Peten*, Carnegie Institution of Washington Publication No. 478, Washington D.C., 1937.

[11] T. Patrick Culbert, *The Ceramics of Tikal: Vessels from the Burials, Caches, and Problematical Deposits*, Tikal Report No. 25, Part A, The University of Pennsylvania Museum, 1993.

[12] Juan Pedro Laporte and Vilma Fialko C., "New Perspectives on Old Problems: Dynastic References for the Early Classic at Tikal," pp. 33-66, in *Vision and Revision in Maya Studies*, edited by Flora S. Clancy and Peter D. Harrison, University of New Mexico Press, 1990.

[13] 例如, *The Maya*, 6th edition, by Michael D. Coe, Thames and Hudson, 1999; or *The Ancient Maya*, 5th edition, by Robert J. Sharer, Stanford University Press, 1994.

第 2 章

[1] Maler, 1911, Peabody.

[2] C Coggins, 1986 (Guatemala); Jones, 1988.

[3] Stuart, D., nd mss unpublished.

[4] A. P. Maudslay, *Biologia Centrali-Americana*, Archaeology, Vols. Ⅰ-Ⅳ, 1889-1902. 这份出版物提供了包括蒂卡尔在内的整个玛雅地区的地图，以及实地拍摄的令人惊叹的照片。

[5] Teobert Maler, *Explorations in the Department of the Peten, Guatemala*, Vol. Ⅴ, No. 1, Tikal, Cambridge, 1911.

[6] A. M. Tozzer, *A Preliminary Study of the Prehistoric Ruins of Tikal, Guatemala*, Vol. Ⅴ, No. 2 of Memoirs of the Peabody Museum, Harvard University, Cambridge, 1911.

[7] Sylvanus G. Morley, *The Inscriptions of the Peten*, CIW Pub. 437, 1937.

[8] R. B. Woodbury and A.S. Trik, *The Ruins of Zaculeu*, United Fruit Company, 1953.

[9] "Secret of the Rain Forest," *Life Magazine*, Vol. 45, No. 15, October 13, 1958, pp. 84-96. "Rich Find of Maya Bones," *Life Magazine*, Vol. 47, No. 17, October 26, 1959, pp. 93-96.

[10] 我自己的项目编号是22，意味着我很早就进入了研究小组。

[11].J. P. Laporte and Vilma Fialko C., "New Perspectives on Old Problems: Dynastic References for the Early Classic at Tikal," in *Vision and Revision in Maya Studies*, ed. by F. S. Clancy and P. D. Harrison, UNM Press, Albuquerque, 1990, pp. 33-66.

第 3 章

[1] P. D. Harrison, "Aspects of Water Management in the Southern Maya Lowlands," in *Economic Aspects of Water Management in the Prehispanic World*, ed. by V. Scarborough and B. L. Isaac, JAI Press Inc., 1993, pp. 71-119.

[2] D. S. Rice, *Eighth Century Physical Geography, Environment, and Natural Resources in the Maya Lowlands*, 1993.

[3] Chert（燧石）是flint（燧石）的美洲品种，其化学成分和来源与欧洲的flint（燧石）略有不同，但属性非常相似，特别适合于敲打，从而打制出有用的切割、刮削和挖掘工具。

第 4 章

[1] J. P. Laporte, 同上。

[2] W. R. Coe, TR 14, 1990.

[3] 同上。

[4] R. J. Sharer, *The Ancient Maya*, 5th edition, p.145.

第 5 章

[1] 在玛雅符号中记为8.12.14.8.15。

[2] 过去最常见的对这个名字的读法是"Yax Moch Xoc"。

[3] "xok"一词的其他解释包括"计算者"和"读者"，意味着他是一个学者。这符合其作为一个王朝创始人的设想。

[4] C. Jones, paper presented at the Maya Weekend, University Museum, Philadelphia, 1996.

[5] 这种情况几乎每天都在发生变化，而且肯定会随着不断研究该主题的古文字学家每次新会议的召开而发生变化。因此，在本章中使用的一些名称在出版时不可避免地会被修改。

[6] 在玛雅符号中记为9.0.10.0.0。

[7] "Maya Early Classic Monuments and Inscriptions," in *A Consideration of the Early Classic Period in the Maya Lowlands*, ed. by G. Willey and R Mathews, Albany, NY, 1985.

[8] 在玛雅符号中记为8.12.14.8.15。

[9] 就像古典早期早段的所有统治者一样，对名字短语的解释存在争议。这里还没有玛雅语的解读，在不同学者的解读中，"月亮"一词有时在"零"的前面。

[10] 在其著作《蒂卡尔统治者》中，吉纳维芙·米歇尔（Genevieve Michel）进行了重新分析，她认为"零·月·鸟"并非蒂卡尔的统治者。

[11] 这位统治者名字的识别是另一个仍有争议的问题。仅仅是名字的翻译在最近一段时间就发生了变化。最初被称为"美洲豹·爪"，并以这种形式出现在多种出版物中，现在拼字法已公认为是强调尖利的爪子（claw）而不是柔软的脚爪（paw）。截至1998年2月，这一名字在同一文本中代表一个还是两个统治者的问题仍未解决。在本书中，我们假定有一位在位时间较长的美洲豹·爪一世的统治者。

[12] Schele and Freidel, *A Forest of Kings,* William Morrow, 1990.

[13] David Stuart, "The Arrival of Strangers: Teotihuacan and Tollan in Classic Maya History," prepared for the Symposium "The Classic Heritage: From Teotihuacan to the Templo Mayor," Princeton University, revised February 1998.

[14] P. D. Harrison, *The Central Acropolis, Tikal, Guatemala: a Preliminary Study of the Functions of Its Structural Components During the Late Classic Period,* Ann Arbor, 1970.

[15] 德马雷斯特、休斯顿和猪俣健（Inomata）对蒂卡尔西南部的多斯皮拉斯遗址的考古发掘展现了玛雅历史上的战争的力量。另见：Martin and Grube, 1996.

[16] 哈里森，1970年，同注13。

[17] 正如西蒙·马丁所指出的，"chacte"这个词被误读了。较新的读法是"kalomte"，一个意义不明的词。见Copan Note (Austin, Texas) No. 58, Stuart, Grube and Schele。我有时选择在本书中保留"chacte"一词，因为它仍被广泛理解为最高统治者的意思。

[18] 彼得·马修斯和约翰·贾斯特森做了大部分基础工作，使得这一称号得到认可。

[19] Laporte and Fialko, 1990, in *Vision and Revision in Maya Studies.*

第6章

[1] Clemency C. Coggins, *Painting and Drawing Styles at Tikal,* Doctoral Dissertation, Harvard University, 1975.

[2] 另一个是六号神庙的冠状屋脊上的文字。最近在蒂卡尔发现的40号石碑也为了解该城市古典早期的历史提供了新的材料。

[3] Clemency C. Coggins, 1975, ibid.

[4] 努·亚克斯·艾因（Nu Yax Ain）墓的发掘是在当时的蒂卡尔项目负责人埃德温·M. 肖克博士的领导下进行的。考古学家斯图尔特·斯科特在1959年夏天负责北卫城的工作，我有幸和他一起短暂地清理了10号墓的随葬品。

[5] "产·卡威尔"（Chan k'awil）这个词在统治者的名字中出现的频率很高，足以表明是一种头衔。与"阿豪"（ahau）和"卡隆特"（kalomte）不同的是，它更像一种崇高的代号，并不是所有统治者名字的一部分。广义的翻译是"伟大的、天上的"。它的使用在古典晚期更为流行。这个短语被整合到名字的字形中，无法与个人的名字分开，例如，本例中的"西亚"（Siyah），其中一个翻译是"礼物"。这个统治者和蒂卡尔的大多数其他统治者的音译来自于一个被称为"奥斯汀小组"的古文字研究小组的工作，他们每年在得克萨斯州的奥斯汀开会，讨论并更新正在进行的玛雅文字库的翻译工作。这个小组的主要负责人是得克萨斯州奥斯汀的琳达·舒勒、德国波恩的尼古拉·格鲁伯和英国伦敦的西蒙·马丁。

[6] 在玛雅符号中记为8.18.15.11.0。

[7] 在玛雅符号中记为8.19.10.0.0。

[8] 在玛雅符号中，这两个日期分别是9.1.0.8.15和9.1.2.17.17。

[9] 彼得·马修斯的详细论著（*Maya Early Classic Monuments and Inscriptions*，1985）描述了一个持续四十年的活跃期，跨越了暴风雨·天空的成年期。

[10] Coggins, 1975.

[11] 玛雅语的读法是暂定的。

[12] 按照时间顺序，这16块石碑的编号依次为40、9、13、3、7、15、27、8、6、23、

25、14、12、10、26和17。

[13] 这种读法是作者提供的一种推测，在后文中有解释。

[14] 关于这个统治者的名字的翻译，我们可以用好几页的篇幅来争论。现在我们知道，铭文中的动物头像确实是山雀头像，这可以通过其眼睛中的三叶草元素来识别。"K'an"可以是"珍贵"或"黄色"的意思。在这种情况下，后者似乎是合适的，尽管我们很可能完全忽略了这一点。"山雀"是天堂中的一个特定符号，代表着重生，而这个字形短语中所指的很可能是天上的星座。见*Maya Cosmos*, by Freidel, Schele and Parker, 1993。以前在文献中，被称为"K'an Boar"。

[15] *Estela 40 de Tikal: Hallazgo y lectura,* by Juan Antonio Valdes, Federico Fahsen and Gaspar Munoz Cosme, published by the Instituto de Antropologia e Historia de Guatemala, August, 1997, p.48 .

[16] 这两个日期在玛雅符号中按时间顺序排列分别为9.1.3.0.12和9.1.13.0.0。

[17] 在玛雅符号中记为9.2.0.0.0.0。

[18] 在玛雅符号中记为9.2.13.0.0。

[19] *The Rulers of Tikal*, revision in press, Publications Vista, Guatemala.

[20] 由于该统治者的名称字形包括一个骨骼状的下颚，他以前被称为"美洲豹·爪·骷髅一世"。这个字形现在被认为是"美洲豹·爪"这一基础字形的变形。

[21] 在玛雅符号中记为9.3.0.0.0。

[22] 在玛雅符号中记为9.3.2.0.0。

[23] Schele and Grube, Texas Note 67, 1994, Austin, Texas.

[24] 在玛雅符号中记为9.4.0.0.0。

[25] 最近对23号石碑上的铭文和26号石碑上的相关铭文的研究表明，关于这个女人的铭文可能指的是一个事件而不是一个人，该事件为王朝的建立。在这种情况下，这个已严重损坏的23号石碑上的主要人物可能是该家族的一个男性成员而非女性。如果是这样，我们不可能知道这个人是谁。

[26] 在玛雅符号中记为9.3.9.13.3。

[27] Coggins, 1975.

[28] "卡隆特"（kalomte）一词是马丁和格鲁伯对本文中使用的头衔"查克特"（chacte）所作的修订。马丁和格鲁伯说"卡隆特"的含义还不清楚。

[29] 此前，琼斯和米歇尔都曾用"美洲豹·爪·骷髅二世"的名字出版。

[30] 在玛雅符号中记为 9.5.3.9.15.

[31] 在玛雅符号中记为 9.6.3.9.15.

[32] 在玛雅符号中记为 9.6.8.4.2.

[33] 见舒勒和弗莱德尔在《国王的森林》（*A Forest of Kings*）中的文章，以及格鲁伯和马丁的后续论文。

[34] 此前以"动物骷髅二世"的名称发表（Michel and Jones）。

第 7 章

[1] Harrison, 1970, dissertation; and Harrison, "Ancient Maya Architecture," in *Maya, Treasures of an Ancient Civilization,* ed. by C. Gallenkamp and R. Johnson, Abrams, 1995, pp. 84-96.

第 8 章

[1] Schele and Freidel, *A Forest of Kings,* 1990; Hassig, *War and Society in Ancient Mesoamerica,* 1992; Martin, Simon and Nikolai Grube, "Maya Superstates," in *Archaeology* , Vol. 48, NO. 6, 1995, pp. 42-46; Martin and Grube, *Evidence for Macro-Political Organization Among Classic Maya Lowlands States*, unpublished ms.

[2] 同一名称的字形被读作"Spearthrower Shield"，并在不同版本的文本中同时显示为猫头鹰和盾牌。

[3] 出自一号神庙，3号门楣。在玛雅符号中记为 9.12.9.17.16。

[4] Martin, Simon and Grube, Nikolai, " Politics and Hierarchy Amongst Classic Maya States," *Archaeology Magazine*, 1994. Also, Grube, N., Schele, L., and Fahsen F.,

Epigraphic Research at Caracol, Belize, 1993, ms.

[5] 在玛雅符号中记为 9.5.12.0.4。

[6] 在玛雅符号中记为 9.6.2.1.11。

[7] Schele and Grube, 1994, p. 101。

[8] 在玛雅符号中记为 9.6.8.4.2。

[9] 在玛雅符号中记为 9.6.18.12.0。

[10] 在玛雅符号中记为 9.7.14.10.0。

[11] 在玛雅符号中记为介于 9.8.0.0.0 和9.12.0.0.0之间。

[12] 具体日期在玛雅符号中记为9.12.0.8.3，比上面提到的间歇期稍晚一些。

[13] 斯蒂芬·休斯顿和大卫·斯图尔特将其认定为战争事件并认为与蒂卡尔有关。另
　　见亚瑟·德马雷斯特1993年在《国家地理》（*National Geographic*）发表的论述。

[14] 在玛雅符号中记为 9.9.12.0.0。

[15] 舒勒在1994年奥斯汀研讨会上提供了一个暂定的玛雅译本。

[16] 文献中也称"动物骸骼"，非官方的玛雅译本为"E te Ⅱ"。

[17] 参见西蒙·马丁1997年的个人通信。

[18] 在一些参考文献中也被称为"鸟头"。

第 9 章

[1] 在玛雅符号中记为 9.13.0.0.0。

[2] Linda Schele and Nikolai Grube, *Some Revisions to Tikal's Dynasty of Kings*, Texas Note
　　67, March 1994, Texas Notes on Pre-Columbian Art, Writing and Culture, Austin, Texas.

[3] 这个名字在不同文本中多次出现，有多种解读。它曾被读作Nu U Bak Chak，在多
　　斯皮拉斯曾被读作Nun Bak Chak。

[4] 在玛雅符号中记为 9.11.6.16.11。

[5] 在玛雅符号中记为 9.11.6.16.17。

[6] 在玛雅符号中记为 9.12.0.8.3。

[7] 在玛雅符号中分别记为 9.12.5.10.1和 9.12.6.16.17。

[8] 这个翻译仍然是不确定的，就像蒂卡尔的大多数王室名字一样。

[9] 在玛雅符号中记为 9.12.9.17.16。

[10] 在玛雅符号中记为 9.12.11.5.18。

[11] 在玛雅符号中记为 9.12.13.17.7。

[12] 在玛雅符号中记为 9.13.0.0.0。

[13] 这是一个主观的看法。在作者看来，哈索·产·卡威尔对这个城市的影响比其他任何一个强大的统治者都要大。

[14] 在玛雅符号中记为 9.13.3.7.18。

[15] 虽然舒勒和格鲁伯使用了"Jaguar Claw"的翻译，但马丁更喜欢用"Jaguar Paw Smoke"作为卡拉克穆尔的这位统治者的名字（西蒙·马丁1997年的个人通信）。

[16] 在玛雅符号中记为 9.13.3.8.11。

[17] 蒂卡尔的美洲豹·爪（查克·托·伊查克）的名称的一种变体。

[18] 在玛雅符号中记为 9.13.3.9.18。

[19] 给神圣的无生命物体起专名的做法在对某些文本的解读中已经显现出来，这些文本不仅仅有来自蒂卡尔的，还有来自几个王室首都的。就像这里的情况一样，代表这个名字的铭文可以用玛雅语阅读，但不能准确地翻译成英语。

[20] 祭祀仪式是为了庆祝重大事件而举行的，如统治者的上台或统治者的死亡。在这个时候举行这样的仪式，说明这次征服事件对蒂卡尔人来说非常重要。

[21] 在玛雅符号中记为 9.13.3.13.15。

[22] 随着对玛雅铭文的认识的迅速深入，对这类文本的所有解读都可能被修改。

[23] 克里斯托弗·琼斯1995年的个人通信。

[24] 在玛雅符号中记为 9.14.0.0.0。

[25] 关于5号祭坛的安置所涉及的几何学和排列方式，我们将在后面的章节中讨论城市布局的这一突出特点。

[26] 对五号祭坛上的铭文以及上面所描绘的人物含义的解读，沿用格鲁伯和舒勒的成果（Texas Note 66, Tikal Altar V, 1994, Texas Notes on Pre-Columbian Art, Writing, and Culture, Austin, Texas.）。

[27] 西蒙·马丁首先确定了瓦亚斯（wayas）铭文及其与卡拉克穆尔的关系，他还指出了图中两个男人之间的联系（通过该二人与同一女人关系的共同部分来辨认）。早期对这项研究做出贡献的是斯蒂芬·休斯顿和大卫·斯图尔特。

[28] 在玛雅符号中记为 9.13.11.6.7。

[29] 辨认出 "挖掘" 这个动词的古文字学家是大卫·斯图尔特。

[30] Flora Clancy, *Seventh Palenque Round Table*, Vol. XI, pp. 237-242, 1989.

[31] Jones, 1982.

[32] 在玛雅符号中记为 9.14.15.1.19。

[33] 在玛雅符号中记为 9.14.15.6.13。

[34] 在玛雅符号中记为 9.15.0.0.0。

[35] 在玛雅符号中记为 9.15.3.6.8。

[36] Clemency Coggins, *Painting and Drawing Styles at Tikal,* Doctoral Dissertation, Harvard University, 1975.

[37] Aubrey S. Trik, "The Splendid Tomb of Temple Ⅰ, at Tikal, Guatemala," *Expedition,* Vol. 6, No. 1, 1963, pp. 3-18.

第 10 章

[1] 在玛雅符号中记为 9.15.3.6.8。

[2] 在玛雅符号中记为 9.15.5.0.0。

[3] 在玛雅符号中记为 9.15.13.0.0。

[4] 在玛雅符号中记为 9.2.13.0.0。

[5] 在玛雅符号中记为 9.15.10.0.0。

[6] Harrison, *The Central Acropolis, Tikal, Guatemala: A Preliminary Study of the Functions of Its Structural Components During the Late Classic Period,* Doctoral Dissertation, University of Pennsylvania, 1970.

[7] 对这一文本的解读来自奥斯汀小组的研究成果，尤其是舒勒、格鲁伯、马丁和斯图尔特在1994年4月的成果。另参见： Simon Martin, *New Epigraphic Data on Maya Warfare,* paper presented at Primera Mesa Redonda, Nueva Epoca, September 28-30, 1995, Palenque, Chiapas; Martin, "Tikal's 'star war' against Naranjo," in *Eighth Palenque Round Table*, June 1993, ed. by M. Macri and J. McHargue, Pre-Columbian Art Institute, San Francisco.

[8] 在玛雅符号中记为 9.15.12.2.2。

[9] 这两处遗址都位于蒂卡尔西部圣佩德罗马蒂尔河边或附近，该河是通往西部的水路。埃尔皮鲁是较近的遗址，但最近发现的一处新遗址，当地人称之为洛·韦拉莫斯（Lo Veremos），它位于圣佩德罗河北部支流乔科普河（Rio Chocop）上，甚至更靠西边。如果没有埃尔皮鲁的合作，蒂卡尔不可能攻打更远的城市。政治局面变得错综复杂。新发现的城市离皮德拉斯内格拉斯最近，而皮德拉斯内格拉斯是卡拉克穆尔的一个盟友。希望新的铭文将有助于解决这个来自公元八世纪中期玛雅中心地带的难题。

[10] 见注7中提及的西蒙·马丁的研究资料。

[11] 公元743年8月2日（9.15.12.2.3），这个日期也记录在四号神庙的3号门楣上。

[12] 公元744年2月3日（9.15.12.11.12），记录在四号神庙的3号门楣上。

[13] 在玛雅符号中记为9.15.12.11.13，记录在四号神庙的2号门楣上。

[14] 公元746年7月13日（9.15.15.2.3），记录在四号神庙的3号门楣上。

[15] 在玛雅符号中记为9.15.15.14.0，记录在四号神庙的2号门楣上。

[16] 相似的作品来自亚斯奇兰的25号门楣。描述了萨克（Xok）女士在做祭祀时，产生了蛇形的幻象。该作品的时间是725年，因此比四号神庙2号门楣上记录的事件要早。

[17] 在玛雅符号中记为9.15.17.10.4.

[18] Simon Martin, 1995.

[19] 这一辨认结果是西蒙·马丁得出的，他补充说这并不是确凿的结论。

[20] 对六号神庙冠状屋脊上的文字的翻译及断代情况参考自Christopher Jones, "Inaugural Dates of Three Late Classic Rulers of Tikal, Guatemala," in *American Antiquity,* Vol. 42, No. 1, 1977, pp. 28-60.

[21] Christopher Jones, *Commerce and Trade Routes of the Maya,* in Historia de Guatemala, Vol. I, nd (written in 1992).

[22] 在玛雅符号中记为 5.0.0.0.0。

[23] 在玛雅符号中记为 6.14.16.9.16。

[24] 在玛雅符号中记为 7.10.0.0.0。

[25] 为了使这些日期符合本章中使用的舒勒相关性（Schele correlation），公元前1139年、公元前457年和公元前156年这三个日期应分别为公元前1143年、公元前456年和公元前157年。

[26] 在玛雅符号中分别为9.4.0.0.0至9.4.13.7.7.

[27] 称为六号神庙系列日期中的日期 I（Date I），在玛雅符号中记为9.16.15.0.0。

[28] 两个完整的直角三角形共享一条基线，该基线位于南部的3C-43号建筑和6D-61号建筑之间。西边的三角形的直角在四号神庙，而东边的三角形的直角在6D-61号建筑。后一建筑的意义尚不清楚，但其位置接近六号神庙的正西边，它可能是伊金家族成员（也许是妻子或妹妹）的埋葬地。

[29] 196号墓葬位于二号神庙的南部，紧邻大广场，这表明人们对墓主非常敬重。然而，在这个时代，它的位置并不符合埋葬在具有宇宙意义的地点的需要。此时，埋葬在具有宇宙意义的地点的重要性却在蒂卡尔不断提升。这一事实表明，墓主是王室的一个地位偏低的成员，而非国王。这种推理倾向于他是伊金的一个不知名的兄弟。

[30] Texas Note 67, March, 1994, *Some Revisions to Tikal's Dynasty of Kings,* Schele and Grube.

[31] 在玛雅符号中记为 9.16.14.17.17。

[32] 19号石碑提供的日期是公元768年12月25日。在玛雅符号中记为 9.16.17.16.4。

第11章

[1] 对这一人物的首次识别是由克里斯托弗·琼斯提出的，他简单地称其为统治者C。接下来G.米歇尔用使用了乔尔玛雅语中表示野猪的词（Chitam），科金斯将其修改为尤卡坦语版本（Ak）。

[2] 在宾夕法尼亚州的发掘中，这些建筑群被正式命名为4E-4组（Q组）建筑和4E-3组（R组）建筑。

[3] 在玛雅符号中记为 9.16.17.16.4。

[4] 在玛雅符号中记为 9.17.0.0.0。

[5] 在玛雅符号中记为 9.18.0.0.0。

[6] 这个非常重要的几何关系将在第十二章阐述。

[7] 本译文来自舒勒和格鲁伯，是他们在得克萨斯州奥斯汀1995年3月9日至18日召开的玛雅文字研讨会中提出的。

[8] 在玛雅符号中记为 9.19.0.0.0。

[9] Coggins, 1988。

[10] 乔伊斯·马库斯在《中美洲书写系统》（1992年，普林斯顿出版社）中提出，所有文字都具有宣传功能，并以统治者希望的方式记录历史。

第12章

[1] C. Jones, *The Twin-Pyramid Group Pattern: A Classic Maya Architectural Assemblage at Tikal, Guatemala.* Doctoral Dissertation, University Microfilms, 1969. 克里斯托弗·琼斯也在准备蒂卡尔双金字塔建筑群的最终报告（即蒂卡尔报告第18卷）。

[2] 在地图上被记录为三座建筑，编号为5D-31、5D-41和5D-42号建筑。

[3] Laporte, 1990, in *Vision and Revision in Maya Studies.*

[4] 帕特里克·卡伯特1997年的个人通信。

[5] Aveni（阿文尼）和哈通（Hartung）最先意识到了一号神庙的直角，但没有认识到三角形本身的意义。

[6] Harrison, "Spatial Geometry and Logic in the Ancient Maya Mind, Part 2: Architecture," in *Seventh Palenque Round Table,* 1989, pp. 243-252, San Francisco.

第13章

[1] David Freidel, *Archaeology of Cerros*, 1995.

[2] See Harrison, "The Rise of the Bajos and the Fall of the Maya," in *Social Processes in Maya prehistory: Studies in Memory of Sir Eric Thompson*, ed. by N. Hammond, pp. 470-508, Academic Press, NY, 1977.

参考文献

Coe, Michael D., *Breaking the Maya Code*, Thames and Hudson, London, p. 304, 1992.

Coe, W. R. Ⅱ, Tikal Report No. 14, *Excavations in the Great Plaza, North Terrace and North Acropolis of Tikal*, 6 volumes, Monograph of the University of Pennsylvania Museum, 1990.

— *Tikal, A Handbook of the Ancient Maya Ruins,* The University of Pennsylvania Museum, p. 127, 2nd edition, 1988.

Coggins, Clemency C., *Painting and Drawing Styles at Tikal, An Historical and Iconographic Reconstruction, Dissertation*, 2 volumes, Harvard University, 1975.

Culbert, T. Patrick, Tikal Report No. 25, Part A, *The Ceramics of Tikal: Vessels from the Burials, Caches and Problematical Deposits*, Monograph of the University of Pennsylvania Museum, Philadelphia, 1993.

— *Maya Civilization,* Smithsonian Institution, Exploring the Ancient World Series, ed. by Jeremy A. Sabloff, St. Remy Press, p. 160, 1993.

Harrison, Peter D., *The Central Acropolis, Tikal Guatemala: A Preliminary Study of the Functions of Its Structural Components During the Late Classic Period*, Dissertation, University of Pennsylvania, Ann Arbor, p. 327, 1970.

— Ed. by Harrison and B. L. Turner Ⅱ, *Pre-Hispanic Maya Agriculture*, University of New Mexico Press, Albuquerque, p. 414, 1978.

Haviland, William A., Tikal Report No. 19, *Excavations in Small Residential Groups of Tikal: Groups 4F-1 and 4F-2*, Monograph of the University of Pennsylvania Museum, Philadelphia.

Houston, Stephen D., Hieroglyphs and History at Dos Pilas, *Dynastic Politics of the Classic*

Maya, University of Texas Press, Austin, p. 181, 1993.

Jones, Christopher, Tikal Report No. 16, *Excavations in the East Plaza of Tikal*, 2 volumes, Monograph of the University of Pennsylvania Museum, Philadelphia, p. 98, 1996.

— and Linton Satterthwaite, Tikal Report No. 33, Part A, *The Monuments and Inscriptions of Tikal: The Carved Monuments*, Monograph of the University of Pennsylvania Museum, Philadelphia, p. 128, 1982.

Maler, Teobert, *Explorations in the Department of Peten, Guatemala: Tikal*, Memoirs of the Peabody Museum of American Archaeology and Ethnology, Harvard University, Vol V, No. 1, Cambridge, p. 91, 1911.

Schele, Linda and David Freidel, *A Forest of Kings, The Untold Story of the Ancient Maya*, William Morrow and Co., Inc., New York, p. 542, 1990.

— and Peter Mathews, *The Code of Kings*, Scribner, New York, p. 431, 1998.

Sharer, Robert J., *The Ancient Maya*, 5th edition, Stanford University Press, Stanford, p. 892, 1994.

Tozzer, Alfred M., *A Preliminary Study of the Ruins of Tikal, Guatemala*, Memoirs of the Peabody Museum of American Archaeology and Ethnology, Harvard University, Vol. V, No. 2, Cambridge, pp. 93-135, 1911.

附　录

附录一：蒂卡尔历代国王的名字

（注：仅列举了已知的名字。）

第1位（开创者）：亚克斯·查克特·萨克（第一脚手架·鲨鱼）

第6或第7位：胡纳尔·巴拉姆（被装饰过的美洲豹）

第9位：查克·托克·艾哈克（美洲豹·爪一世）

卡克·西亚（火生）

注：高级卡隆特，不属于蒂卡尔，领地范围包含蒂卡尔。

第10位：亚克斯·艾因一世（第一鳄鱼）

第11位：西亚·产·卡威尔（暴风雨天空）

第 12 位：坎·阿克（黄色野猪）

第 14 位：查克·托·伊查克二世（美洲豹·爪二世）

第 15 位：E Te 一世（蜥蜴头一世）

第 19 位：卡隆特·巴拉姆（卷头）

第 21 位：亚克斯·库克·莫（双鸟）

第 25 位：努·巴克·查克一世（盾牌·骷髅一世）

第 26 位: 哈索·产·卡威尔（天上的旗手）

第 27 位: 伊金·产·卡威尔（夜空的黑暗）　　第 29 位: 亚克斯·艾因二世（卷鼻; 第一鳄鱼二世）

附录二：蒂卡尔古典时期各阶段年表

附表一　蒂卡尔古典早期前段年表（时间跨度为200—402年，共202年）

名字	年份	事件	来源	统治次序
亚克斯·查克特·萨克（第一脚手架·鲨鱼）	约200	在位		开创者（第1位）
胡纳尔·巴拉姆（被装饰过的美洲豹）	292	在位	29号石碑	第6位或第7位
零·月·鸟	300*	在位*	莱顿	第7位或第8位
查克·托克·艾哈克（美洲豹·爪一世）	317	在位	31号石碑	第9位
	378	死亡	31号石碑	
卡克·西亚（火生）	378	担任卡隆特	31号石碑	不属于蒂卡尔
	402	死亡	31号石碑	

注：表中所加星号"*"表示该信息无法确定。以下各表内的星号用法皆同。

附表二　蒂卡尔古典早期后段年表　（时间跨度为402—562年，共160年）

名字	年份	事件	来源	统治次序
亚克斯·艾因一世（第一鳄鱼）	402*	卡隆特	31号石碑	第10位
	420	逝世	5号石碑，埃尔佐茨遗址（El Zotz）	
西亚·产·卡威尔（暴风雨天空）	411	阿豪	31号石碑	第11位
	426	卡隆特	31号石碑	
	456	逝世	40号石碑	
	457	墓葬绘画	48号墓	
	458	埋葬	40号石碑	
坎·阿克（黄色野猪）	458	阿豪	40号石碑	第12位
	468	供奉40号石碑	40号石碑	
	475	在位	9号石碑	
	488*	逝世*	3号石碑	
第13位统治者（无名字）	488*	即位*	3号石碑	第13位
查克·托·伊查克二世（美洲豹·爪二世）	495	在位	7号和15号石碑	第14位

名字	年份	事件	来源	统治次序
E Te 一世（蜥蜴头一世）	497	在位	8 号石碑	第 15 位
第 16 位统治者（无名字）	无		"黑色陶罐统治者"	第 16 位
第 17 位统治者（无名字）	514	在位	6 号石碑	第 17 位
库克·阿豪*（绿咬鹃之王*）	511*	即位为阿豪*	23 号石碑	第 18 位
卡隆特·巴拉姆*（卷头）	527	即位*	10 号石碑	第 19 位
查克·托·伊查克三世（美洲豹·爪三世）	537	可能的死亡日期	17 号石碑	第 20 位
亚克斯·库克·莫*（双鸟）	537	即位	17 号石碑	第 21 位
	537	供奉 17 号石碑	17 号石碑	
E Te 二世*（蜥蜴头二世）	562*	即位*	卡拉科尔祭坛 21	第 22 位
	无	葬于 195 号墓（5D–32 号建筑）		

附表三　蒂卡尔古典晚期前段年表（时间跨度为659–734年，共75年）

名字	时间	事件	统治次序
第 23、24 位统治者（无名字）	间歇期，无年代	无资料	第 23、24 位
努·巴克·查克一世（盾牌·骷髅一世）	659 年 8 月	击败亚斯奇兰	第 25 位
	659 年 8 月	访问帕伦克的帕卡尔	
	672 年 12 月	与多斯皮拉斯作战	
	677 年 12 月	被多斯皮拉斯击败	
	679 年 4 月	被多斯皮拉斯击败并可能被杀	
哈索·产·卡威尔（天上的旗手）	682 年	即位为蒂卡尔的卡隆特	第 26 位
	692 年 3 月	M 组建筑群落成（记录于 14 号祭坛和 30 号石碑）	
	695 年 8 月	击败卡拉克穆尔（记录于一号神庙的 3 号门楣上）	
	695 年 8 月	俘虏卡拉克穆尔的亚·波龙（记录于 5D–57 号建筑）	

续表

名字	时间	事件	统治次序
哈索·产·卡威尔（天上的旗手）	695 年 9 月	坐在从卡拉克穆尔缴获的轿子上，随后是放血仪式和 5D-33-1 号神庙落成仪式（记录在一号神庙的 3 号门楣上）	第 26 位
	695 年 11 月	卡拉克穆尔抓获俘虏*（雕刻的骨头）	
	703 年 5 月	妻子（十二鹦鹉夫人*）去世	
	711 年 12 月	竖立 N 组建筑群 16 号石碑和 5 号祭坛，庆祝卡吞结束和纪念去世的妻子	
	732—734 年	在建成一号和二号神庙之后去世	

附表四　蒂卡尔古典晚期中段年表（时间跨度为734—766年，共32年）

名字	日期	事件	统治次序
伊金·产·卡威尔（夜空的黑暗）	734 年 12 月 8 日	即位为蒂卡尔的查克特（记录于 21 号和 5 号石碑）	第 27 位
	736 年 7 月 22 日	21 号石碑供奉的日期，也是四号神庙的年份*	
	741 年 6 月 26 日	5D-52-1 号建筑的 1 号门楣记载了该建筑的供奉日期，四号神庙的 2 号和 3 号门楣也记录了这一相同日期	
	743 年 8 月 1 日	四号神庙的 3 号门楣记载了针对埃尔皮鲁的"星之战"	
	743 年 8 月 2 日	四号神庙的 3 号门楣记载了从埃尔皮鲁缴获的轿子	
	744 年 2 月 3 日	四号神庙的 3 号门楣记载了蒂卡尔的一次仪式——纪念征服埃尔皮鲁的窖藏	
	744 年 2 月 4 日	四号神庙的 2 号门楣记载了另一次针对纳兰霍的"星之战"事件	
	744 年 6 月 10 日	5D-33 号建筑前 5 号石碑的竖立	
	746 年 7 月 13 日	四号神庙的 3 号门楣记载了作为蒂卡尔的一件神圣物品，埃尔皮鲁的轿子被供奉	

名字	日期	事件	统治次序
伊金·产·卡威尔（夜空的黑暗）	747 年 3 月 7 日	四号神庙的 2 号门楣记载了从纳兰霍缴获轿子的周年庆	第 27 位
	748 年 12 月 10 日　751 年 5 月 5 日	1 号圆柱形祭坛记载了从纳兰霍*俘虏了一个贵族　竖立 20 号石碑，以纪念第 16 卡吞	
第 28 位统治者（黑暗的太阳*）	766 年 2 月 12 日	第 28 位统治者在神龛仪式上吸烟，以纪念伊金*的死亡，这一事件被记录于六号神庙的冠状屋脊	第 28 位
	766 年 2 月 15 日	六号神庙的冠状屋脊记载了 21 号石碑上的 30 年庆典和六号神庙的供奉的日期，这可能也是搭建冠状屋脊的日期	

附表五　蒂卡尔古典晚期后段年表（时间跨度为768—869年，共101年）

名字	日期	来源	统治次序
亚克斯·艾因二世（卷鼻；第一鳄鱼二世）	768 年 12 月 25 日	22 号石碑上记录的即位时间	第 29 位
	771 年 1 月 20 日	Q 号建筑群的供奉日期，记载于 22 号石碑	
	790 年 1 月 7 日	建筑群的供奉日期，记载于 19 号石碑	
努·巴克查克二世（盾牌；骷髅二世）	810 年 6 月 24 日	24 号石碑上记载了第 19 卡吞的结束，可能在三号神庙的 2 号门楣上有描述	第 30 位
哈索·产·卡威尔二世（天上的旗手）	869 年 8 月 13 日	24 号石碑上记载了第 10 周期第 2 卡吞的结束	第 31 位